Hans Müller

Das Dorf – *gestern und heute*

Hans Müller

Das Dorf

gestern und heute

Eine kleine
Kulturgeschichte

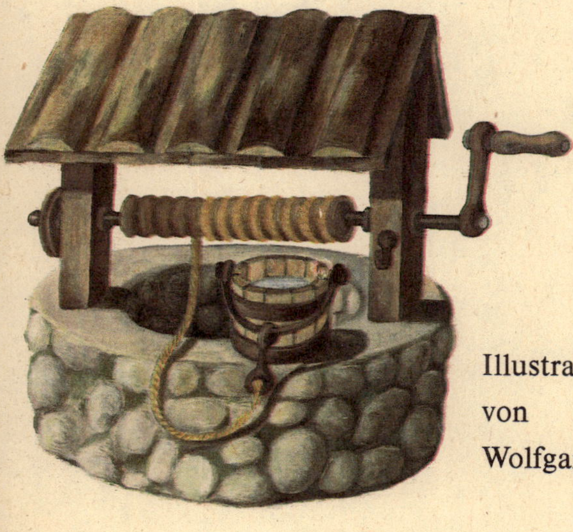

Illustrationen
von
Wolfgang Spuler

Der Kinderbuchverlag Berlin

ISBN 3-358-01269-7

Wer möchte nicht gern einmal auf einem Pferd reiten, über Koppeln und Bäche getragen werden, über die staubige Dorfstraße galoppieren, daß die Steine und Hühnerfedern nur so fliegen. Wie wenige von uns haben überhaupt schon hoch oben auf dem ungewohnt wippenden Rücken eines solchen schönen Vierbeiners gesessen?
Sicher sehen wir hin und wieder eine richtige Rinderherde gemächlich und kleckernd die Straße entlangziehen und beobachten im Dorf staunend, wie jede Kuh ihre Stalltür erkennt und, vom Hundegekläff angetrieben, zur eigenen Tränke schaukelt. Aber Pferd, Rind und Hund, Schaf und Huhn und Gans, Gebimmel und Gemecker, Gekläff und Gebrumm, Kuhfladen und Hoftor, Scheune und Stall – all das ist noch gar nicht das Dorf; all das sehen und hören – oder riechen – wir höchstens. Das Dorf sind vor allem Menschen und deren Arbeit, harte Arbeit bei jedem Wetter und an jedem Tag.
Nun gibt es aber auch Dörfer, zu denen eine riesige Betonfläche gehört; auf ihr stehen statt der Pferde Lastkraftwagen. Zehn, zwanzig Meter hohe Türme, von einer metallisch glänzenden Kuppel abgeschlossen, überragen alles, Kräne und Bagger greifen und füllen, laden auf und ab, Traktoren rattern, und Maschinen lärmen. Das ist auch das Dorf, ist heute das Dorf, in dem die moderne Technik die Stelle der naturhaften Kräfte der Arbeitstiere einnimmt und dem Menschen die Tätigkeit erleichtert.
Das Dorf wird also in unserer Zeit innerhalb weniger Jahrzehnte ein ganz anderes, als es jahrhundertelang gewesen ist.

Versuchen wir einmal, die Geschichte des Dorfes zu ergründen. Wo zeigen sich in unseren heutigen Dörfern die Zeugen der Vergangenheit. Wieviel sagen sie uns über das Leben der Menschen, ihre Arbeit, über ihr Ankämpfen gegen Wind und Regen, Sonne und Kälte. Wie berichten Bauwerke und Felder davon, daß Dörfer von jeher Plätze der Auseinandersetzung zwischen Herren und Knechten, Ausbeutern und Rechtlosen waren.
Erst mit dem Wandel des Dorfbildes wird heute dem Auge sichtbar, was sich in unserer Gesellschaft seit drei Jahrzehnten vollzogen hat – die Abschaffung einer jahrhundertelangen, für die Bauern schlimmen Tradition. Aus dem Dorf des Feudalzeitalters entwickelte sich das sozialistische. Das geschah nicht abrupt, und vieles vom Alten werden wir bewahren als ein Stück Geschichte des Dorfes.

Bevor es bei uns Dörfer gab

In einigen Kulturlandschaften finden wir, in Felder und Wäldchen eingebettet, früheste Zeugnisse der menschlichen Siedlung; regelmäßige ringförmige Aufschüttungen, auf denen seit Jahrhunderten Büsche und Bäume wachsen. Lange bevor es zum Zusammenschluß von Bauernfamilien zu dörflichen Gemeinschaften kam, entstanden diese Erdwälle. Wird das Profil eines solchen Walles freigelegt, so zeigt der Schnitt, in welcher Weise das Erdreich künstlich angetragen ist. In der aufgehäuften Erde liegen große Steine und verleihen ihr die nötige Fe-

stigkeit. Nur wenig unter der Dammkrone zeigen sich – bei einer gut bewahrt gebliebenen Wallanlage – schwärzlich-braune, senkrechte Teile, die an Pfosten erinnern. Es sind wirklich Reste von dicken Rundhölzern oder Baumstämmen, die man nebeneinander in das Erdreich rammte und so eine Palisade, einen dichten hölzernen Ring, auf den Wall setzte. Der Wall war also eine Wehranlage, in welche sich im Kriegsfall eine Gruppe von Menschen zurückziehen und eine Zeitlang leben konnte. Von dieser »Burg« aus zogen sie auf Jagd. Später begannen sie in der Umgebung des Walles Felder anzulegen. Gerodet wurde mit Hilfe des Feuers, die Asche diente als Dünger. Nach einigen Jahren aber war der Boden erschöpft. Dann verließ die Gruppe oder die Sippe den Platz. Ein neuer Wall wurde errichtet.
Einzelne Naturvölker leben noch in diesen Übergangsstadien von der eben seßhaft werdenden Jäger- zur Ackerbauerngesellschaft. Bei ihnen finden wir die außereuropäischen Urformen des Dorfes: Zeltartige Hütten aus Tierhäuten und Baumästen stehen dicht gedrängt, in ihnen leben Mensch und Tier gemeinsam im gleichen Raum. Aus afrikanischen Siedlungen kennen wir auch kisten- oder tonnenartige Bauten rings um die Siedlung. Diese Speicher für Nahrung und Futter werden oftmals durch ein künstliches Gestrüpp aus vertrocknetem Buschwerk abgeschirmt, ein Schutz gegen Tiere und Angreifer anderer Stämme.
Diese beiden, zugegeben sehr einfach und ohne Berücksichtigung ihrer unterschiedlichen Gestaltungsformen und Zeiten betrachteten Beispiele sollen uns

verdeutlichen, daß sich der Beginn agrarischer Siedlungen, also die Urform des Dorfes, aus der Veränderung der Gesellschaft ergab. Der Übergang von den nomadisierenden Jägern zur Lebensform seßhafter Ackerbauern wurde entscheidend für das Entstehen der Dörfer.
Der Wall war mehr eine Burg als eine Siedlung. Die Ackerbauern lebten – und damit wollen wir im mitteleuropäischen Gebiet verbleiben – zunächst in einzelnen Erdlöchern oder Stein- und Lehmhütten bei ihren Feldern. Der Stammesverband oder auch die Sippe benutzte die gemeinsame Fluchtburg nur bei Gefahr. Aber allmählich entwickelte sich aus dieser Burg ein ständiger Aufenthaltsort der Sippenvorsteher oder Stammeshäuptlinge. Im Laufe der mehrere Jahrhunderte währenden Entwicklung zur frühfeudalen Gesellschaft entstand aus dieser Gruppe der Vorsteher und Burgwärter eine besondere Schicht. Sie schützte den Stamm und das Bauernland vor Feinden und erhielt dafür von den Bauern Nahrung. Die Burgbewohner wurden zu Burgherren und begannen ihren Besitz an Nahrungsgütern zu mehren, den ihnen die Ackerbauern lieferten. Diesen Überschuß konnten sie eintauschen für Gegenstände, die Händler aus fernen, gesellschaftlich weiter entwickelten Ländern brachten. Damit hoben sich die Burgherren von den Bauern ab. Die Bauern gerieten in Abhängigkeit vom Burgherrn, und die Gesellschaft teilte sich in zwei Klassen. Das alles vollzog sich schon, ehe es in unserem Gebiet Dörfer gab, in Jahrhunderten vor der Zeitenwende und in den Ländern der antiken Kulturen.

Für Mitteleuropa erbrachten archäologische Forschungen einen Zeitraum von etwa 1500 Jahren, in dem die bäuerlichen Siedlungen in Urformen existierten. Man berechnet dafür auch die Periode zwischen etwa 4200 und 2700 vor der Zeitenwende. Wahrhaft riesige Zeitspannen, die da für unsere Vorstellung angeboten werden.
Die Frage nach dem Beginn des Ackerbaus wird damit recht »großzügig« beantwortet, dagegen gibt die Forschung über das frühe bäuerliche Leben und Siedeln schon genauere Auskünfte. In der Ukraine konnte man frühe Bauern-Niederlassungen erforschen, die aus lehmbeworfenen Holzbauten bestanden und jeweils nur einen Raum umschlossen. Hier lebte eine ganze Familie zusammen mit den Tieren. Mehrere solche »Häuser« – vergleichbar eher einem Lehmhügel in der Form eines Zeltes – gruppierten sich um einen runden Platz. Man fand auch wallartige Einfassungen und in ihnen bis zu dreißig Bauten. Weiter im Westen, im Alpenraum und der Schweiz haben Wissenschaftler ganz ähnliche Siedlungen mit rechteckigen Holz-Lehm-Bauten gefunden. Sie liegen an Seeufern, und das deutet darauf hin, daß sich ihre Bewohner mit Fischfang beschäftigten. Auch fand man heraus, in welcher Epoche mit dem Getreideanbau begonnen worden ist – und diese Zeit deckt sich mit der ermittelten Entstehungszeit jener Ufersiedlungen im dritten Jahrtausend vor der Zeitenwende. Es hat wohl auch schon Zweiraumhäuser gegeben, wie aus Resten in tieferen Bodenschichten geschlossen wird – hier diente möglicherweise ein Raum bereits der Nahrungsgüterlagerung.

In Südengland – um ein weiteres Beispiel zu nennen – fand man Teile von bäuerlichen Siedlungen aus dem dritten bis zweiten Jahrtausend vor der Zeitenwende. Sie bestanden aus jeweils nur wenigen und eng aneinanderstehenden Bauten. Das könnte auf regelmäßige Feldwirtschaft und Viehhaltung von diesen »Einzelhöfen« deuten, die inmitten des bewirtschafteten Landes lagen. In der Regel rodeten die Ackerbauern und pflanzten. War der Boden verbraucht, rodete man ein Stück und überließ den alten Acker der natürlichen Aufbereitung. Damit ergab sich ein ständiges Verlegen der Bauernstellen – wir können also noch nicht von Dörfern oder Höfen sprechen.

Wir müssen schon einen gewaltigen zeitlichen Schritt aufwärts durch die Geschichte unternehmen, um zu den ersten Bauernsiedlungen zu gelangen, die sich mit unserer Vorstellung vom Dorf in Verbindung bringen lassen. Wiederum schuf dazu eine entscheidende Entwicklung in der Gesellschaft die Voraussetzung, die Arbeitsteilung. Steinzeitliche Bauernfamilien rodeten, bauten Früchte an und ernteten, jagten Tiere, fischten und fertigten alle nötigen Werkzeuge selbst. Ihre Gemeinschaften waren zu klein und der Bedarf an Werkzeugen wie Steinbeilen oder Spitzen für die Speere nicht in dem Maße vorhanden, daß ein Mann allein von deren Fertigung hätte leben können. Das änderte sich, als man die Metalle entdeckte. Eine ganze Anzahl von »Spezialisten« für die Herstellung einzelner Dinge entwickelten sich – freilich im Laufe einiger Jahrhunderte: Erzgräber, man kann auch den jüngeren

Begriff der Bergleute anwenden, Metallschmelzer, Schmiede und andere. Sie wurden ähnlich wie die Stammeshäuptlinge – denken wir wieder an die Burgherren – durch die Ackerbauern ernährt, denn diese erwarben im Tauschhandel von den Schmieden und Gießern die nötigen Werkzeuge, und jene von den Erzgräbern das Metall. Eine Form gemeinsamen Aufeinanderangewiesenseins innerhalb der Menschengruppe entstand.
In den klimatisch günstig gelegenen vorgeschichtlichen Siedlungen der großen Flußtäler des Euphrats und Tigris oder des Nils wuchs so aus der bäuerlich-agrarischen Gesellschaft eine vorfeudale Gesellschaft heran. Klima und Bodenfruchtbarkeit ermöglichten es den Menschen, mehr Nahrung zu erzeugen, als sie zu verbrauchen imstande waren. Naturkräfte und Naturerscheinungen waren den Menschen unfaßbar und unbeeinflußbar, es sei denn, man opferte, um jene unwägbaren Kräfte und Götter günstig zu stimmen. Dies nun wurde Sache der Priester. Mit ihnen erweiterte sich die Schicht der nichtproduzierenden Menschen. Wir sollten indes nicht vergessen, daß in der Priesterschaft durch Naturbeobachtungen und Kenntnisvermittlung zunächst eine kulturtragende und -fördernde Gruppe von Menschen bestand. Sie entdeckten elementare Naturregeln und vermochten sich bereits mit Hilfe von Zeichen und Bilderschriften zu verständigen. Der Bauer aber geriet als Nahrungslieferant in immer stärkere Abhängigkeit von den Herrschern, Händlern und auch Handwerkern, die zwar alle der Nahrungsgüter bedurften, diese aber gegenüber den

eigenen Produkten und Leistungen immer stärker abwerteten. Die Ausbeutung der Nahrungserzeugenden hatte begonnen. Für Jahrtausende sollte sie den Ackerbauern in den Stand der untersten Klasse drängen. Bei den Sumerern und in den altägyptischen Klassengesellschaften war dies bereits ausgeprägt. Sogar heute noch bestehen in afrikanischen, orientalischen oder süd- und mittelamerikanischen Ländern solche Lebensverhältnisse für den Ackerbauern. Im daneben vorhandenen Reichtum der Herrschenden – heute der hochentwickelten kapitalistischen Unternehmer in den Städten – gibt sich uns dieser uralte Klassenwiderspruch deutlich zu erkennen.

Ein weiterer Jahrtausendsprung bringt uns bis zum Mittelalter und damit in die Epoche des Entstehens von Dörfern in unseren Breiten. Die Feudalordnung bildete sich aus, und der christliche Glaube begann in den nordeuropäischen Ländern das Weltbild der Menschen zu prägen. Die mittelalterlichen Feudalreiche dehnten ihre Machtbereiche aus. Sicher spielten Kriegszüge dabei eine entscheidende Rolle. In Besitz genommen wurden die Lande aber erst mit Hilfe der Bauern, die – in teilweise noch urwaldähnlichen Gebieten – auf den Befehl der Feudalherren siedelten. In dieser Zeit zwischen dem 10. und dem 13. Jahrhundert entstanden unsere Dörfer und ihre ältesten charakteristischen Gestalten.

Die Gestalt des alten Dorfes

Mit dem Wort Dorf verbinden wir eine ganz bestimmte Bildvorstellung: Etwas erhöht steht in der Mitte einer Häusergruppe die Kirche. Ihr Turm ragt weit über die rohr- oder steingedeckten Dächer empor, und das Kirchenhaus scheint von seinem Hügel herab über die umstehenden kleinen Gebäude hinwegzugreifen – wie eine Glucke, die inmitten ihrer Kückenschar sitzt. Zwischen Scheunen, Ställen und Wohnhäusern wachsen mächtige Bäume; gewaltigen Halbkugeln gleich, scheinen sie über den Bauten zu schweben. So sieht das alte Dorf im Flachland aus. Im Gebirge steht die Kirche oft am Dorfrand, und die Häuser sind nicht so dicht aneinandergedrängt, vielfach reihen sie sich an einem Weg, der sich durch das Tal schlängelt.

In nicht wenigen Dörfern führt die Straße geradewegs auf ein großes, schon durch seine zweigeschossige Bauweise hervorgehobenes Gebäude zu. So ein Schloß erscheint fast fremdartig, wie ein Stadthaus, das man später in den Verband der Bauernhäuser oder kleinen Gehöfte hineinstellte, damit es sie ähnlich wie die Kirche überragt. Und das war tatsächlich die Absicht seiner Erbauer. In der frühen Feudalzeit und der Epoche der Bildung von Dörfern gab es noch keine unbedingte Trennung von weltlicher und geistlicher Macht wie im späteren Mittelalter. Die Kirche in den bäuerlichen Siedlungen war zwar ein Symbol für die feudale Besitzanzeige, aber auch für den Schutz der Siedler gebaut. Man könnte in ihrem Turm den Finger des Herrn über Land und

Leute sehen, der sich nach oben streckt – hier bin ich der Mächtige! Das steinerne Kirchenhaus indes war wie eine Faust, die fest umschließt, was man behalten und schützen will. Solche mittelalterlichen Dorfkirchen boten vielfach einen wehrhaften Fluchtraum, wie wir noch sehen werden.
Anders das Schloß oder Herrenhaus; es steht nicht so eng mit den Häusern verbunden wie die Kirche, sondern von ihnen getrennt. Hier wohnte der feudale Dorfherr, den eine Welt von seinen Untertanen trennte. Die Bauformen unterstreichen den Reichtum gegenüber der Armut des Dorfes. Die Klassentrennung ist damit auch baulich vollzogen und das Schloß nicht mehr das Dorf.
Suchen wir herauszufinden, welches nun das eigentlich für ein Dorf charakteristische Bauwerk ist, vielleicht sogar das älteste, erste Dorfgebäude, die Keimzelle, so stoßen wir auf mehrere Baulichkeiten. Erst aus ihrem gegenseitigen Bezug zueinander entsteht ja das, wofür wir den Begriff Dorf geschaffen haben.
Das Gehöft kann man als das charakteristische Bauwerk des historischen Dorfes bezeichnen. Es vereint in sich Wohnraum und Speicher für Getreide, Feldfrüchte, Futter und dient der Viehhaltung. Ein solches Gehöft ist also ein in sich geschlossenes System und konnte durchaus für sich allein bestehen. Seit der frühen Entwicklung der Landwirtschaft waren die Höfe Lebensgrundlage einer Familie oder auch einer ganzen Sippe.
Mit dem Übergang zur Feudalordnung und der Christianisierung begann in den mitteleuropäischen Gebieten der gesellschaftliche Umschichtungsprozeß,

indem der Bauer nicht mehr nur sich selbst und seine Familie zu ernähren hatte, sondern in Abhängigkeit von einer herrschenden Minderheit geriet. Könige, Grafen und Bischöfe nahmen das Land in Besitz. Sie »erlaubten« den Bauern, weiter den Boden zu bestellen. Dafür aber hatten ihnen die Bauern Produkte ihrer Arbeit zu liefern: Vieh, Feldfrüchte, Getreide. Außerdem mußten die Landleute Arbeitsdienste verrichten, wie Transporte von Baumaterialien für Burgen und Pfalzen. So geriet der Bauer in die Rechtlosigkeit. Erst mit der allmählichen Entwicklung der Geldwirtschaft und des Handels und damit auch der Städte bot sich dem Landmann eine Möglichkeit, diese Abhängigkeit etwas zu lockern. Entweder konnte er sein Land verlassen und in die Stadt gehen oder dorthin einen Teil seiner Produkte verkaufen, denn die Stadtbewohner brauchten Nahrungsmittel. Bei der noch geringen Zahl und Größe der Städte – 10000 Bewohner bildeten im Mittelalter schon eine Großstadt! – überwog freilich bei weitem die landwirtschaftliche Arbeit.

Unter diesen Bedingungen entwickelten sich die bäuerlichen Siedlungen in unterschiedlichen Formen. Aus dem gemeinsamen Wohnplatz einer Sippe waren wohl die ersten dörflichen Anwesen entstanden. Seit dem 11. Jahrhundert gab es Dorfgründungen durch Feudaladlige; mit der Kolonisation wurden solche Anlagen seit dem 12. Jahrhundert in vielen Landschaften die Regel. Ein Wort zum Begriff Kolonisation. Im frühen und hohen Mittelalter war Kolonisation gleichbedeutend mit einer Erschließung der noch vielfach urwaldähnlichen, noch nicht durch Menschenhand kultivierten Landschaft. Natürlich stand dahinter das Bestreben der Feudalität, die eigenen Herrschaftsgebiete auszudehnen – die Rodung und die bäuerliche Besiedelung weiter Landstriche aber bildete den eigentlichen kolonistischen Vorgang. Diese Tatsache ist sehr wichtig für die Betrachtung der dörflichen Siedlungsformen und für die Ausbildung bestimmter Haustypen, in denen sich neben dem rein Zweckmäßigen auch schöpferische Gedanken der bäuerlichen Bevölkerung offenbaren.

Gerade das ist in der älteren Geschichtsbetrachtung oft unterschätzt, ja sogar abgestritten worden, weil man seit der Entrechtung des Bauern diesen immer wieder als Tölpel und simplen Erdarbeiter hinzustellen versuchte. In der Tat aber war die mittelalterliche Kolonisation als Arbeitsvorgang ein gewaltiges, durch Bauern verwirklichtes Werk der Urbarmachung späterer Lebensräume.

In einigen größeren bäuerlichen Siedlungen ließ der Feudaladel seine Stützpunkte errichten, burgartige Fronhöfe und Vogteien ganz ähnlich denen in den Städten. Vielfach leiteten auch Priester und Mönche die Kolonisationstätigkeit. Sie waren ja nicht nur Schrift- oder Heilkundige – in den mittelalterlichen Städten wurde Krankenpflege ähnlich wie die Vermittlung von Kenntnissen im Lesen, Rechnen oder Schreiben vielfach in den Klöstern betrieben. Die Landklöster bildeten eine Art kolonisatorische und zivilisatorische Zentren, und die dort tätigen Mönche waren – mit heutigen Begriffen ausgedrückt –

Typischer Bauernhof historischer Kulturlandschaften in der DDR, der BRD, der ČSSR und Polen

durchaus nicht nur religiös beschäftigt, sondern Spezialisten in Dingen der Ackerlanderschließung und der Landwirtschaft.
In jenen frühen dörflichen Siedlungen wurde die Kirche vielfach aus Stein gebaut. Einmal widerstand sie Wind, Wetter und Feuer weit besser als die Strohhütten, vor allem aber fanden hier die Dorfbewohner in kriegerischen und Notzeiten Zuflucht. Nicht selten waren dann auch die Klöster ganz ähnlich wie Burgen von Verteidigungswerken umgeben, vor allem in den Landschaften, wo die christliche Kolonisation, also die Übertragung des christlichen Glaubens auf bereits ansässige Stämme und Völker, mit Waffengewalt vorgenommen wurde.

Von Flurformen und was sie berichten

Zunächst aber soll uns weiter interessieren, wieso Dörfer in unterschiedlicher Gestalt entstanden und sich oft bis in unsere heutigen Tage erhielten. Diese Gestalten – man spricht auch von Dorfgrundrissen – spiegeln die Lebensverhältnisse im Dorf wider; die historischen Hof- und Hausformen lassen die Lebensweise einzelner Bauernfamilien erkennen. Die Veränderung der Gesellschaftsverhältnisse zeigt sich an den Fluren, den landwirtschaftlichen Nutzflächen. Wir sahen schon, daß Bauernsiedlungen inmitten gerodeten und urbar gemachten Landes angelegt wurden. Um sie herum breitete sich immer mehr landwirtschaftliche Nutzfläche aus. Die ursprünglich von einer Familie, Sippe oder einem lo-

Gebirgsdorf – Výsná Boca/ČSSR

sen Familienverband gemeinsam bewirtschaftete Fläche, die Flur, erfuhr bei der allmählichen Vergrößerung der Siedlung eine Veränderung. Sie wurde in mehr oder weniger regelmäßige Abschnitte aufgegliedert, während vorher der Besitz der einzelnen Bauern verstreut und je nach Urbarmachung an unterschiedlichen Stellen der Siedlungslandschaft liegen konnte. Vor allem bei gegründeten Kolonistendörfern finden wir schon früh die regelmäßige Fluraufteilung in Parzellen. Die Flurformen sind also einerseits von der Entwicklung der landwirtschaftlichen Produktionsformen und andererseits von den herrschenden Gesellschaftsverhältnissen abhängig. Ein ganz einfacher Vergleich: Mit einem Hakenpflug und eigener Muskelkraft vermochte der Bauer im Mittelalter nur kleine Flurstücke zu bestellen, andererseits konnten diese auch in schwer zugänglichem Gelände, wie an steilen Berghängen, liegen. Im Feudalabsolutismus des 18. Jahrhunderts ließen die adligen Gutsherren große Schläge anlegen und von vielen Tagelöhnern gemeinsam bearbeiten. Heutige Technik erfordert in der landwirtschaftlichen Flur kilometerweite Äcker. Auf einem kleinen Flurstück kämen Traktoren und Vollerntemaschinen aus dem ständigen Wenden nicht heraus, und ihr Einsatz bliebe unrentabel.
Die Flurformen und ihre Veränderungen spiegeln also die Wandlung gesellschaftlicher Verhältnisse wider von der mittelalterlichen Kolonisierung über Leibeigenschaft und Bauernlegen des 18. und 19. Jahrhunderts bis zu den großen Veränderungen in der Landwirtschaft unserer Tage.

Eine für das Mittelalter typische Flurform ist die Gewann- oder Kampflur. Hier liegen die Felder rings um die einzelnen Bauernstellen und sind unregelmäßig und unterschiedlich groß. Oft umsäumten Hecken oder Wälle aus Feldsteinen die einzelnen Flurstücke. Solche charakteristischen Fluren kann man heute in England und Irland noch in weiten Landstrichen antreffen. Neben diesen Feldern hatten die Siedler gemeinsames Weideland.
Die Dreifelderwirtschaft, bei der man ein Winterfeld, ein Sommerfeld und ein drittes als jeweils einjährige Brachfläche anlegte, führte zur streifenförmigen Unterteilung der einzelnen Gewannstükken.
Mit den kolonistischen Dorfgründungen entstand die Marsch- oder Waldhufenflur. Hier liegen die einzelnen Gelände- oder Feldstücke in einem langen Rodungsstreifen parallel nebeneinander, und die schmalen Einzelfluren schließen unmittelbar an die Siedlerstelle – später den Bauernhof – an. So entsteht die langgestreckte Form einer Siedlung. Entlang einem Weg folgt Hof auf Hof. Neben diesen beiden Flurformen ist als dritte die Blockflur siedlungs- und gesellschaftsgeschichtlich besonders interessant und aufschlußreich. Sie entwickelte sich aus der an den mittelalterlichen Einzelhof gebundenen Flur vor allem im späteren Feudalzeitalter. Als nämlich durch das Bauernlegen und die folgende Zusammenfassung der kleinen Bauernwirtschaften zu Rittergütern und Domänen sich die dörflichen Besitzverhältnisse änderten, faßten die feudalen Grundherren die Flurstücke zu großen regelmäßi-

gen »Blöcken« zusammen. Sie ermöglichten die intensivere Ausbeutung von Boden und Menschen. Lagen vorher die einzelnen Besitzstände der Bauern verstreut in der Landschaft, bildete nun der grundherrliche Besitz meist zusammenhängende Flächen, auf denen man mehr Feldfrüchte und Getreide erwirtschaften konnte. Das war vor allem für Agrarreformen und Flurbereinigungen des 19. Jahrhunderts ein wesentlicher Gesichtspunkt. Wir müssen diese Erscheinungen im Zusammenhang mit dem Übergang zur kapitalistischen Produktionsweise in der Landwirtschaft sehen.

Die sozialistische Agrarproduktion erfordert schließlich eine Zusammenfassung unterschiedlicher, historisch gewachsener Flurformen zu großblockartigen Fluren und landwirtschaftlichen Flächen, die eine weitgehende Mechanisierung der Feldwirtschaft ermöglichen. Flurform und Dorfgrundriß stehen also in den historischen Epochen in Zusammenhang miteinander, wie diese Beispiele erkennen lassen. Verändern wir heute die gesellschaftlichen Verhältnisse im Dorf, so zeigt sich das in den Flurformen ebenso, wie es sich in der Gestalt des Dorfes widerspiegelt.

Grundrisse und Dorfanlagen

Bauernhof mit Stall und Scheune, Landarbeiterkaten, Kirche, Pfarrhaus, Schule und Gasthof – das alles finden wir noch heute in vielen Dörfern. Freilich steht ebensooft eine neue große Schule neben der kleinen alten, birgt der Gasthof neue Verkaufseinrichtungen und das ehemalige Herrenhaus ist ein Kulturhaus. Alle diese Bauten waren das Dorf und sind es noch heute. Nur haben sich die Arbeit und die Lebensgewohnheiten der Menschen mit den gesellschaftlichen Verhältnissen gewandelt, haben viele traditionelle Bauten einen anderen Inhalt, eine neue Funktion gefunden. Das Reizvolle am Dorf bleibt nach wie vor seine »Individualität«. Wir meinen damit, daß jedes Dorf sein eigenes charakteristisches Aussehen hat. Dazu tragen vor allem die historisch gewachsenen unterschiedlichen Grundgestalten bei.

Betrachten wir diese dörflichen Grundrisse etwas genauer, ohne damit eine Reihenfolge für die geschichtliche Entwicklung geben zu wollen. Für ihre Herausbildung sind zwar historische Bedingungen wichtig – ob es sich um eine bäuerliche Eigensiedlung oder um eine planmäßige Anlage neben einem Feudalsitz handelt. Aber ebenso entscheidend für die Gestalt der Siedlung ist ihre geographische und topographische Lage. Ein Bergdorf hat eine ganz andere Grundform als eine Fischersiedlung an der Küste. Hinzu kommen noch historisch-landschaftliche Bedingungen; vergleichen wir ein bulgarisches mit einem polnischen und einem schottischen Dorf, so sind die Unterschiede nicht nur in den Bauformen der einzelnen Häuser sehr deutlich. Das war auch so vor sechs bis acht Jahrhunderten. Damals hatten Dorfer etwa im Friesischen oder in den Alpen andere Grundformen als im slawisch besiedelten Land westlich und östlich von Elbe und Saale.

Beginnen wir unsere kleine Formenbetrachtung. Noch aus der slawischen Siedlungsepoche hat sich ein ganz typischer Dorfgrundriß erhalten: das Rundplatzdorf, auch Rundweiler oder Rundling genannt. Um einen mehr oder weniger runden Platz gruppieren sich in geschlossener Reihe Gehöfte und Bauten. Diese Dorfform versinnbildlicht gleichsam eine Gemeinschaft gleichrangiger, annähernd gleich großer und ebenso gleichartiger Bauernstellen. In einigen Dörfern blieb sogar bis zum heutigen Tage die ursprüngliche Anordnung der Höfe erhalten. Vom Platz her stehen die Wohn- und Stallgebäude in Längsrichtung feldwärts. Ihren Hofzugang haben sie an der Platzseite. An der Feldseite stehen die recht großen Scheunen quer zu den Wohn- und Stallbauten und bilden so eine Art Ring um das ganze Runddorf. Nur von einer Stelle aus gelangt man in das Dorf hinein und auf dessen großen Mittelplatz. Müssen wir hier nicht unwillkürlich an den frühgeschichtlichen Ringwall denken, angesichts des mauerfesten Scheunenringes an eine Fluchtburg? Viele gerade dieser Runddörfer waren tatsächlich wehrhafte Siedlungen. Die dicken und hohen Lehmwände der Scheunen konnten auch als Verteidigungsring dienen. Eine Parallele dazu bietet die mittelalterliche Stadtbefestigung, deren Mauerringe die Bürgersiedlungen umschlossen. Sicher haben Dorf und Stadt sich in dieser Gestalt während der mittelalterlichen Jahrhunderte beeinflußt, und sie bezogen Anregungen wiederum aus vorstädtischer Zeit, aus Pfalzbauten der frühfeudalen Wander-Kaiser, die ja noch keine feste Residenz besaßen, son-

Rundling (oben) und Straßendorf (unten)

dern viele Stützpunkte in ihren Herrschaftsbereichen errichten ließen. Möglicherweise überlieferte sich sogar von spätantiken Militärstützpunkten das eine oder andere Wehrprinzip bis in die ersten Dorfgestalten. Beim Rundling schlossen die Flurstücke der einzelnen Bauern oft unmittelbar an die Höfe an und breiteten sich strahlenförmig in die Landschaft aus.

Zwei ebenfalls häufig in unserem Land noch anzutreffende alte Siedlungsformen sind das Straßendorf und das Straßenangerdorf. Beider Entstehungssituation ist gleich: An einer Straße bauten jeweils links und rechts die Bauern ihre Höfe einfach nebeneinander. Dahinter schlossen sich Gärten und Felder an. So kam es zu einem ganz eigentümlichen Orts- und Landschaftsbild, denn wie die Höfe liegen auch die Flurstücke als »schmale Handtücher« nebeneinander. Das unregelmäßige – in der Flurbestellung – und dennoch ganz linear geordnete Muster, das uns an einen Doppelkamm denken läßt, regte vor allem die ersten Luftfotografen zu vielen Aufnahmen an. Nun führt nicht jeder Weg schnurgerade durch die Siedlung, meist ist ein Straßendorf sogar eine jüngere Gründung aus dem 18. oder 19. Jahrhundert an schon vorhandenen älteren Wegen. Unter diesen Umständen folgen dann die beiden Häuserreihen und die Flurstücke den Wegkrümmungen, und es kommt zu unregelmäßigen Flurformen entlang den Dorfrändern.

Während wir es beim Straßendorf meist mit einer ursprünglich reinen Bauernsiedlung zu tun haben, bezieht das Straßenangerdorf oft die Kirche in sei-

Angerdorf (oben) und Haufendorf (unten)

nen Grundriß ein. Es erstreckt sich ebenfalls zu beiden Seiten eines Weges. Dieser aber beutelt sich innerhalb der Siedlung zu einem langgestreckten Platzraum aus. Hier steht die Kirche. Wir finden auch den Dorfteich inmitten des Platzes. Später erbaute bisweilen der Hufschmied seine Werkstatt auf der freien Fläche. In einer ganzen Reihe solcher Orte liegt etwas abseits der Straße und von einem Park umgeben ein ländlicher Feudalsitz. Auch heute noch fassen große Alleen oder eine Baumreihe den Straßenanger ein und verleihen dem Dorf ein freundlich-romantisches Aussehen. Mit den Schloßbauten wurden im 18. und frühen 19. Jahrhundert vielfach Alleen angelegt.
Straßen- und Angerdörfer entstanden vor allem nach den Verwüstungen des Dreißigjährigen Krieges. Besonders in Mecklenburg und Brandenburg – den Ländern mit einer ausgeprägten feudalen Gesellschaftsordnung bis an den Beginn unseres Jahrhunderts – gibt es seit dem 18. Jahrhundert viele Straßen- und Angerdörfer. Auch die Landarbeitersiedlungen neben den großen Schloßgütern zeigen diese Grundrißgestalt. Bisweilen hatten die Kätner – wie man die Tagelöhner nach den von ihnen bewohnten Katen auch nannte – noch ein Stück Garten oder Feld hinter dem Haus. Die zu bewirtschaftende Flur aber war wie das ganze Dorf Besitz des Dorfherrn, des Grafen oder des Barons. Ein typisches Beispiel eines so gegründeten und sogar nach einem einheitlichen Plan im 18. und frühen 19. Jahrhundert erbauten Straßenangerdorfes ist Marxwalde im Bezirk Frankfurt/Oder. Hier erhiel-

ten sich die Straße und der Anger mit den Katen, in der Platzmitte die Kirche und seitwärts am Anger mit einem großen Vorplatz das Schloß. Ihm schließt sich ein Landschaftspark an. Wegen dieses historischen Gesamtbildes steht der Ort jetzt unter Denkmalschutz.
Sicher lassen sich auch vom Straßen- und Angerdorf Bezüge zur historischen Stadt herstellen, zumal viele Städte aus dörflichen Siedlungen entstanden sind. In Mühlhausen oder Quedlinburg finden wir solche langgestreckten, angerartigen Plätze und Märkte mit großen Kirchen und sogar dem Rathaus in der Mitte. Bisweilen muß man sich dieses Angerbild rekonstruieren, denn die eigentlichen Straßen sind zwischen den hohen Häusern zu schmalen Gassen geworden, die zu beiden Seiten der Kirche entlangführen – in Quedlinburg ist dies der Fall. In Erfurt blieb der Anger in veränderter Umbauung bis heute eine der Hauptachsen der Großstadt, auch Magdeburgs bedeutende mittelalterliche Handelsstraße, der Breite Weg, war eine Marktstraße und Achse wie ein dörflicher Anger. Ähnlichkeiten, ja Parallelitäten in der Entwicklung von Dorf und Stadt lassen sich also feststellen.
Nun wurde aber nicht nur ein einzelnes Dorf im Laufe der Zeit zur städtischen Siedlung. Vor allem um mittelalterliche Städte herum bildeten alte Dorfkerne Kristallisationspunkte für Siedlungen, die sich ihnen allmählich anschlossen und schließlich mit der Stadt zusammenwuchsen. Am Beginn unseres Jahrhunderts sind dann solche urbanisierten Dörfer – vom lateinischen urbs abgeleitet, dem

Wort für Stadt – vielfach in Städte eingemeindet worden, um Verwaltungs- und Versorgungsfragen zusammenfassen zu können. So entstanden eine ganze Reihe von Großstädten, die eigentlich aus Dörfern bestehen. Dresden ist für gezielte Großstadtbildung um einen im Verhältnis zum gesamten Stadtumfang recht kleinen eigentlichen Stadtkern ein Beispiel. Während der kapitalistischen Industrialisierung des 19. und frühen 20. Jahrhunderts sogen die Fabrikstädte die Dörfer der Umgebung auf. In Karl-Marx-Stadt kann man die Anbindung der Dörfer an das alte Chemnitz mit Hilfe der vom Zentrum ausstrahlenden Straßen noch heute erkennen. Vielleicht am deutlichsten haben sich die einstigen Dorfkerne mit ihren Angern in Berlin erhalten. Pankow, Blankenburg, Lichtenberg, Hohenschönhausen oder Marzahn sind beinahe Angerdörfer innerhalb einer großstädtischen Umgebung geblieben, und das alte Straßendorf Friedrichshagen läßt sich an der heutigen Hauptgeschäfts- und Verkehrsstraße ebenso verfolgen, wie der Dorfanger in Biesdorf die Fernverkehrsstraße 1 aufgenommen hat. Aber auch Leipzig hat Dörfer in der Stadt, von denen genau wie in Berlin oder Dresden mittelalterliche oder barocke Kirchen, Friedhofsräume und sogar einzelne Bauernhäuser erhalten geblieben sind. Doch zurück zum Dorf – das Anger- und Straßen-Grundgerüst hatte uns von ihm weg in die Stadt geführt. Im Sächsischen und Thüringischen bestimmen die Bauerngehöfte das Gesicht des Straßendorfes. Hier liegen die sogenannten Dreiseit- oder Vierseithöfe nebeneinander. Solche Gehöfte beste-

Streusiedlung (oben) und Reihendorf (unten)

hen aus einem Wohnhaus, parallel dazu an der anderen Hofseite dem Stallbau und an der Feldseite der querstehenden Scheune. – Beim Vierseithof ergänzt sich die Anlage durch ein Torhaus an der Straßenseite des Anwesens. Freilich gibt es keine feste Regel für solche Gebäudeanordnung, vielmehr bilden Gelände, Ortslage und Dorfgrundriß Voraussetzungen für unterschiedliche Gestaltungsmöglichkeiten. So kann zum Beispiel bei einem Vierseithof auch das Wohnhaus mit der Tordurchfahrt eine Einheit bilden, ein Stallbau und zwei Scheunen umschließen dann den Hof. Auch findet man an vielen Dreiseithöfen große Torbögen und Mauern an der Straßenseite, die dann markante Blickfänge und in ihrer Reihung ein besonders reizvolles Ortsbild ergeben. Luppa – an der Straße zwischen Leipzig und Dresden gelegen – ist ein Dorf mit einer langen Reihe charakteristischer Mehrseitgehöfte, und im Werratal und der Rhön blieben schöne alte Straßen- und Angerdörfer mit Fachwerkhöfen erhalten.
Sowohl im Bergland wie auch an der Küste finden wir eine, ähnlich den Straßendörfern, langgestreckte Grundrißform, die Reihendörfer. Sie müssen nicht unmittelbar an einer Straße liegen, vielmehr kann ein Fließ, können zwei schmale Pfade oder Bäche die Achse bilden, von der aus kurze Wege zu den locker nebeneinander gestaffelten Gehöften führen. Diese Siedlungsform ist also offener als die des Straßendorfes, denn das Bauernhaus oder der Hof bildeten ursprünglich die Mitte des jeweils von einer Familie kultivierten Landstückes, von dem aus man dann das anschließende Gelände erschloß. Diese im

Bergland Waldhufendörfer, im niederdeutschen Flachland Hagen- und Marschdörfer oder auch Moorkolonie genannten Siedlungen sind also echte Kolonistengründungen, und sie können bis auf das 12. und 13. Jahrhundert zurückgehen.

Gassen- oder Sackgassendörfer, die wir im bergigen Land wie an der Küste – hier als Fischersiedlungen – finden, könnte man als Verkleinerungen von Waldhufen- und Hagendörfern bezeichnen. Ihre Form ist gedrängter, und an Stelle der Gehöfte herrschen hier die einzelnen einfachen Bauern- oder Fischerhäuser vor. Vor allem ist aber der nur einseitige Dorfzugang kennzeichnend, er gab dem Ortsbild auch den Namen. Von der Gasse, die mit dem Dorf endet, führen nur kurze Pfade zu den Häusern.

Alle diese Dorfanlagen bezeichnet man als regelmäßige Siedlungsformen, denn sie sind jeweils nach einem im gezeichneten Grundriß, aber auch beim Durchwandern leicht erkennbaren Schema geordnet. Ein Kreis oder eine Zeile bilden ihr eigentliches Grundgerüst.

Anders die sogenannten unregelmäßigen Siedlungsformen: Die kleinste und vielgestaltigste ist die Streusiedlung. Sie besteht aus Einzelhäusern oder Höfen und kann sich über ein weites Gelände erstrecken. Meist liegen dabei die Bauwerke inmitten der zugehörigen Flur – man könnte also auch sagen, hier sind einzelne Siedlerstellen mit der allmählichen Erwirtschaftung oder Zuteilung von Land locker zu einem Dorf zusammengewachsen.

Gleich lose und unregelmäßig ist die Grundgestalt des Weilers, einer Kleindorfform aus nur wenigen

Häusern, bisweilen kann ein Weiler auch aus nur einem Hof und einigen Tagelöhnerkaten bestehen und mit vielleicht einer Mühle daneben.
Ganz anders als diese bäuerlichen Streu- und Kleinsiedlungen, die dazu meist ohne Kirche, Friedhof und später auch ohne Gasthaus und Krämer blieben, sind die Gestalten der Haufendörfer. Der Name gibt schon zu erkennen, daß sich in ihnen keine Grundordnung ablesen läßt. Man kann die Siedlung weder einem Kreis noch einer Linie zuordnen, zeichnet man ihren Grundriß. Haufendörfer wirken wie eine Ballung aus Häusern, Höfen, Gärten und Wegen. Sie wurden in der Regel auch nicht von einer bestimmten Zahl von Siedlern nach geographischen und agrarischen Zweckmäßigkeiten geordnet angelegt. Vielmehr baute in diesen Dörfern Generation auf Generation die Hofwirtschaften aus, zwischen den Gütern siedelten Landarbeiter, oder Wohn- und Wirtschaftsbauten für alle dörflichen Arbeitskräfte und Belange fügten sich in die Freiräume zwischen älteren Gebäuden. Entsprechend vielgestaltig und unregelmäßig sind auch die Straßen- und Gassenverläufe in solchen Dörfern und für einen Fremden nicht sogleich zu überblicken. Vor allem in den dicht besiedelten und intensiv bewirtschafteten Landschaften entstanden Haufendörfer. Sie sind eine Folgeerscheinung dieser agrarischen Vielfalt. So wurde auch ihre soziale Struktur, die Zusammensetzung der Bewohnerschaft, im Laufe der Geschichte vielfältiger als etwa im Weiler oder der bäuerlichen Kolonistensiedlung. Handwerker siedelten sich hier schon recht früh an, und wir ken-

nen aus landwirtschaftlichen und volkskundlichen Museen viele Gegenstände, die schon im 17. und 18. Jahrhundert von dörflichen Handwerkern gefertigt worden sind.
Besonders aber im Zeitalter der Industrialisierung des 19. Jahrhunderts wuchsen neben städtischen Zentren auch ältere bäuerliche Siedlungen zu großen Haufendörfern heran. Vielfach »bereicherten« – man sollte besser sagen zerstörten – ungestalte Wohn- und Gewerbebauten nun die historisch gewachsenen Siedlungsbilder und Grundrisse. Vor allem kleine Unternehmer fanden in den Dörfern unter den Landarbeitern und verarmten Bauern billige Arbeitskräfte, vorteilhaft zu erwerbendes Bauland und profitable Produktionsbedingungen. Viele große Bauernwirtschaften und Großagrariergüter wurden unrentabel, weil mit der kapitalistischen Ausweitung von Handel und Marktwirtschaft Agrarprodukte, aus Kolonialländern eingebracht, den Gewinn aus der inländischen Landwirtschaft zu schmälern begannen. In Landschaften mit einer raschen industriellen Entwicklung verkauften also die Bauern, vor allem die Großagrarier, Ländereien als Bauland für Fabriken und Wohnsiedlungen. Was so unter kapitalistischen Bedingungen mit den Dörfern und der Landwirtschaft geschah, bezeichnet man als Zersiedelung, denn nun verschwindet gleichsam das alte Dorf zwischen Industrie- und industriellen Siedlungsbauten. Seine Grundgestalt beginnt sich aufzulösen, und mit der Neubesiedlung verändert sich das dörfliche Sozialgefüge ganz entscheidend.

Leben im Dorf – Das dörfliche Sozialgefüge

Das dörfliche Sozialgefüge ist keine theoretische Angelegenheit, wir können es vielmehr unmittelbar am Dorf selbst, an seinen historisch entstandenen Grundrissen und Bauwerken ablesen. Die meisten unserer Dörfer haben seit einem knappen Jahrhundert nicht nur ihre Gestalt verändert, sondern gleich zweimal einen grundlegenden gesellschaftlichen Wandel erlebt. Brachte die kapitalistische industrielle Revolution nur mehr äußerliche Veränderungen und bauliche Erneuerungen im Dorf mit sich, so wurde die Befreiung der Bauern von Ausbeutung und Unterdrückung und der Aufbau der sozialistischen Lebens- und Arbeitsverhältnisse im Dorf entscheidend für den größten sozialen Wandel in der dörflichen Gemeinschaft. Den gewaltigen Umbruch – nicht selten mit Abbruch und Neubau ganzer Baugruppen, ja ganzer Dörfer verbunden – erleben wir gegenwärtig. Wie aber entstand in der Frühzeit des Dorfes sein soziales Gefüge?

Während des Feudalismus und Feudalabsolutismus lebte die Dorfbevölkerung in Abhängigkeit vom Feudalherrn und in Leibeigenschaft. So gehörte also der Bauer dem Feudalherren mit Haut und Haaren, und dieser bestimmte sogar, wann und wen der Bauer heiraten durfte. Die Frauen hatten überhaupt keine Rechte. Nach der gesellschaftlichen Arbeitsteilung zwischen Landwirtschaft und Handwerk seit dem 10. bis 12. Jahrhundert und mit der Herausbildung der Städte und ihrer Bürgerschaft schränkte

sich die erste Leibeigenschaft ein. In gesellschaftlich entwickelten Landen entrichteten die Bauern »nur« große Abgaben von Produkten – später auch Geld – an die Feudalität und waren zu bestimmten Frondiensten für den Landherren oder in dessen Kriegen verpflichtet. Aufgrund der ersten Befreiungsversuche der Bauern von Ausbeutung und Unterdrükkung, die in der frühbürgerlichen Revolution und den mitteleuropäischen Bauernerhebungen des 16. Jahrhunderts gipfelten, zog jedoch der Feudaladel erneut die Zügel straff. Das »Bauernlegen«, die Vertreibung großer Teile der Bauernschaft von Haus und Flur, hatte deren totale Verarmung und die Rückkehr in die Leibeigenschaft zur Folge. Für das Dorf sah das so aus, daß hier die großen Rittergüter und feudalen Ländereien entstanden. Besonders in den Landen östlich der Elbe erlangten im 17. und 18. Jahrhundert die Junker eine nahezu unumschränkte Macht auf dem Lande, und sie waren stets bestrebt, die feudalen Produktionsverhältnisse durch »Landordnungen« zu bewahren.
Die kapitalistische Industrialisierung brachte zwar mit dem Ausgang des 18. Jahrhunderts gewisse Reformen – in Preußen wurde 1794 das »Allgemeine Landrecht« erlassen, im zaristischen Rußland gab es 1861 die »Bauernreform«. Diese Regelungen aber wurden von gesetzgeberischen Einrichtungen erlassen, in denen Feudalherren saßen. So änderte sich besonders in den vorwiegend agrarisch geprägten Ländern an der Rechtlosigkeit und Ausbeutung der Landbevölkerung praktisch kaum etwas.

Erste gesellschaftliche Einrichtungen

Seit der bürgerlichen Revolution von 1848 – in Preußen schon seit dem 18. Jahrhundert – erhielten die deutschen Dorfbewohner zumindest formal das Recht auf den Schulbesuch – immerhin ein gewaltiger Einbruch in das bisherige Bildungsprivileg der Feudalklasse.

Es mutet heute kaum glaubhaft an, aber in der Tat konnten viele, ja die meisten Menschen, die auf dem Lande lebten und arbeiteten, am Beginn des vorigen Jahrhunderts nur schwer, vielfach überhaupt nicht lesen und schreiben! Nur den Herren großer Güter und Ländereien stand es zu, ihre Söhne und mitunter auch ihre Töchter in die Stadt zur Schule zu schicken. Vielfach hielten sie sich auch einen Privatlehrer auf dem eigenen Gut oder Schloß. Die Kleinbauern- und Tagelöhnerkinder waren genau wie ihre Eltern dazu verurteilt, billige Arbeitskräfte zu werden.

So bildete die Schule im Dorf schon einen beachtlichen gesellschaftlichen Fortschritt. Wenn sie auch oft nur aus einer einzigen Klasse bestand, in der alle Kinder gemeinsam unterrichtet wurden. Nicht selten nehmen auch heute noch die wie Fremdkörper wirkenden, undörflich erscheinenden und mehrgeschossigen Backstein- oder Putzbauten der Schulhäuser einen besonderen Platz im Dorfe ein. Vielfach stehen sie dicht bei der Kirche. Anfänglich war der Pastor hier zusammen mit dem Lehrer – den man Schulmeister nannte – die Hauptperson und der Lehrkörper! Es ging in diesen obrigkeitsstaatli-

chen Schulen ja auch gar nicht vorrangig um die Vermittlung von Wissen und Bildung. Rechnen, Lesen und Schreiben wurden zwar gelehrt, aber Hauptfach war der Religionsunterricht. Wie kaum eine andere Klasse mißbrauchte der ländliche Feudaladel im spätfeudalen Staat die christliche Lehre zur Aufrechterhaltung seiner Vormacht – so wurden diese Schulen auch äußerlich zu Fremdkörpern zwischen Tagelöhnerkaten und Gehöften.
Ein dritter »gesellschaftlicher« Großbau neben Kirche und Schule wurde der Saal. Er entstand in vielen Dörfern gegen Ende des vorigen Jahrhunderts und ist eine Art dörflicher Ersatzbau für die in den Städten allenthalben emporschießenden Tanz- und Konzerthäuser, Ball- und Theatersäle. Natürlich diente er auch dörflichen Festen, wie sie schon – etwa zur Einbringung der Ernte – seit dem Mittelalter Brauch sind. Wie Kirche und Schule wuchs auch dieser Baukörper in das Dorfbild ein, unmittelbar an den Dorfkrug angebaut, bisweilen auch als ein zweites Geschoß dem alten Gasthof aufgesetzt. Deutlicher vielleicht als die Schule zeigen uns heute diese Saalgebäude etwas von der gesellschaftlichen Veränderung der spätfeudalen dörflichen Gemeinschaft. Tanzvergnügen vermochten etwas über die Ausbeutung hinwegzutäuschen, wobei die Gastwirte noch ihr »Geschäft« machten, ähnlich Handwerkern und kleinen Unternehmern. Nachdem sich die ersten europäischen Arbeiterparteien gebildet hatten, wurden manche dieser Dorfsäle aber auch zu politischen Versammlungsstätten des ländlichen Proletariats.
Diesen jüngeren Gemeinschaftsbauten ordnen sich

im historischen Dorfbild traditionelle Einrichtungen baulich unter, sofern wir sie überhaupt heute noch vorfinden. Sie spiegeln aber ebenso ein Stück der sozialen Wirklichkeit des alten Dorfes wider. Zunächst ist das Backhaus zu nennen, eigentlich eine Überbauung des an zentralem Ort gelegenen großen, halbkugelförmigen Lehmbackofens. Vor allem die Frauen hatten hier wöchentlich für Brot, aber auch für die Festtagskuchen zu sorgen. Ihr Arbeitsbereich waren auch die Waschstege und die Bleiche. Meist lagen solche Einrichtungen an Bächen oder Teichen am Dorfrand.

Fast hätten wir über allem ein Gebäude vergessen, das ein interessantes Zeugnis der technischen Revolution und gleichermaßen des dörflichen Gemeinsinnes darstellt: das Spritzenhaus! Als man im vorigen Jahrhundert die ersten mechanischen Pumpapparate zur Feuerbekämpfung herstellte, wurden sie erstaunlich rasch in den Dörfern populär. Schon immer hatten hier Blitzschläge, Feuersbrünste und somit auch die Feuerbekämpfung eine große Rolle gespielt. Lebensunterhalt und Lebensmittel sowie der Viehreichtum in Stallungen wurden immer wieder ein Raub der Flammen. In der Feuerwehr verbindet sich also ein aus mannigfaltigen Interessen geborenes dörfliches Kollektivdenken und Handeln. Bei Notfällen hatten von jeher alle Bewohner Hand anzulegen und Spanndienste zu verrichten. Natürlich blieb das Spritzenhaus immer ein reiner Zweckbau. Es ist eine einfache Remise, wir würden heute sagen eine Garage, gewesen. Kaum denkbar waren beide Einrichtungen ohne Wasserstellen. Noch heute kann man mitunter alte Ziehbrunnen entdekken oder auch sogenannte Göpel, mit deren Hilfe Pferde im Kreis liefen und über ein Rohrgestänge das Wasser förderten. Gelangten wir mit der Feuerwehr schon in unsere jüngste Vergangenheit, so müssen wir den Blick noch einmal zurück in die Geschichte wenden.

Schloß und Herrenhaus

Die unterschiedlichen Lebensformen der Feudal- und der Bauernklasse zeigen uns recht deutlich zwei Architekturen – das Landschloß oder Herrenhaus und die dörfliche Eigenbefestigung, auch Bauernburg oder Wehrburg genannt. Vor allem im letzteren werden Formen historischer gesellschaftlicher Auseinandersetzungen sichtbar.

Während der mittelalterlichen Feudalzeit wohnten die wenigsten der Landherren in den Dörfern. Meist beherrschten sie von Burgen aus ihr Gebiet. Weil das Land noch viel dünner besiedelt war, gab es weit weniger Dörfer als heute. Dennoch dürften im Mittelalter allein auf einem Gebiet, das heute die beiden deutschen Staaten, die Tschechoslowakische Republik und Österreich umfaßt, etwa 30000 größere Feudalburgen gelegen haben. Eine entsprechende Zahl ergibt sich für die bäuerlichen Siedlungen, rechnen wir immer mit mehreren Dörfern im Besitz eines Feudalen.

Mit dem Entstehen der Städte und der Herausbildung des Bürgertums änderten sich auch die Wohnansprüche und Lebensgewohnheiten der Feudalklasse. Wir lesen oft von Raubrittern und feudalen Wegelagerern – das waren Adlige und Burgherren, die sich, aus welchen Gründen auch immer, mit den gesellschaftlichen Veränderungen der frühbürgerlich-städtischen Epoche nicht zurechtzufinden vermochten. Sie blieben auf ihren Burgen, nun aber nicht mehr, um die Handelswege zu bewachen und, wie ursprünglich, die Händlerkarawanen zu schützen. Vielmehr verlegten sie sich aufs Ausrauben. Die Händler brachten ja ihre Waren nicht mehr an die Burgen heran, sondern suchten die neuen absatzträchtigen Märkte und Handelsplätze der Städte auf. Hier bezogen jetzt die mächtigeren Feudalen, dazu gehörten auch die Bischöfe, feste Wohnsitze. Sie hatten erkannt, welche Gewinne der Handel und die Märkte für sie abwerfen konnten. Neben dem Stadtbürgertum bildete sich so die Stadtfeudalität heraus. Auf dem Lande ließen andere Feudalherren nun ebenfalls unmittelbar neben oder inmitten der Siedlungen »ihrer« Bauern neue Wohnsitze anlegen. Zunächst waren das feste Steingebäude, sogenannte Wohntürme, die man auch – wie auf der Burg – als Kemenaten bezeichnete.

In der Renaissancezeit, der Epoche der städtisch-bürgerlichen Vormachtstellung zwischen dem späten 14. und dem 17. Jahrhundert, entstanden aus solchen Kemenaten in dörflichen Siedlungen Renaissanceschlösser. Diese Entwicklung vollzog sich freilich in den einzelnen europäischen Ländern zeitlich unterschiedlich. Im damals gesellschaftlich weit entwickelten Italien nahm sie schon im

Die spätmittelalterliche Burg im Dorf – Komturei Kühndorf/Bez. Suhl

14. Jahrhundert ihren Ausgang, während wir in den deutschen Landen erst für das späte 16. und das 17. Jahrhundert die Renaissancekultur und -kunst ansetzen können.

Zunächst blieb also der Burgenbau Vorbild für den ländlichen Feudalsitz. Im Laufe des 16. Jahrhunderts aber werden die Bauformen reicher, und an den Wohnbauten dieser Burgschlösser ließen die Bauherren die Fenster vergrößern, hohe Schmuckgiebel errichten, die Portale reich und plastisch ausgestalten, Formen des städtischen Patrizierhauses wurden auch auf das ländliche Schloß übertragen. Dabei bleiben die Baugestalten und Grundrisse solcher Landschlösser aber noch unregelmäßig und ähneln immer wieder denen von Burgen. So baute man Fenster beispielsweise dort ein, wo sie für die Belichtung der Innenräume erforderlich waren; und es entstand ein scheinbar willkürliches Fenstersystem an den Fassaden. Die Treppe ist in der Regel in einem turmartigen Anbau untergebracht. Küche und Wirtschaftsräume konnten bei größeren Schlössern in eigenen Flügelbauten liegen. Unmittelbar am Schloß befand sich ein Garten, der vielfach schon parkartiges Aussehen hatte – im mittelalterlichen Feudalsitz war es der Küchengarten. In ihm wurden die speziell für die Haushaltung gewünschten Pflanzen gezogen. Ihre Stecklinge sind schon damals begehrte Handelsobjekte gewesen, und Kaufleute »importierten« sie oft von weither.

Im übrigen beschäftigte sich der ländliche Feudaladel mit der Jagd. Seine Arbeit bestand darin, sich um die Bauern und Landarbeiter zu »sorgen« – in der Regel vom Pferd herab und mit der Peitsche in der Hand.

Der Verlust der politischen Machtstellung der Städte bedeutete für das Land ebenfalls einen schweren Schlag: Der Feudaladel hatte die Bauernaufstände blutig niedergeschlagen. Thomas Müntzer, der Führer der aufständischen Bauern im Gebiet um Mühlhausen, war von den Mansfelder Grafen auf deren Schloßfestung Heldrungen gefangengesetzt und grausam gefoltert worden. Mit seiner Hinrichtung erstickte schließlich der Feudaladel alle Forderungen der Bauern nach Freiheit und Gerechtigkeit.

Ein gutes Jahrhundert später stand der Feudalabsolutismus in seiner höchsten Blüte. Ludwig XIV. von Frankreich hatte sich in Versailles das damals reichste und meistbewunderte Schloß erbauen lassen. Es ist auch heute noch eines der großartigsten Baudenkmale der absolutistischen Epoche und ihrer barocken Kunst.

Schon vorher hatte man die neuen künstlerischen Stilelemente auch auf ländliche Schloßbauten übertragen. Statt der unregelmäßig zusammengefügten Architekturen der Renaissanceschlösser ließen die Bauherren nun nach einheitlichen barocken Plänen arbeiten: Regelmäßige Grundrisse wurden bevorzugt, über ihnen entstanden Häuser, deren Mittelteil durch einen Giebel oder eine Kuppel hervorgehoben ist; über kleineren Schlössern und Herrenhäusern errichtete man auch die neuen hohen Mansarddächer. Im Inneren bildeten der Saal und das Treppenhaus zwei Räumlichkeiten, denen man besondere Aufmerksamkeit widmete. Auch in kleineren Bauten sind diese Räume oft reich dekoriert, denn der absolutistische Schloßherr strebte nun nach einer sichtbaren Darstellung seiner Macht. Diese Repräsentation hatte auch in der Renaissance schon eine Rolle gespielt, nur wiesen da Säle und Treppen noch bescheidenere Proportionen auf. Sie blieben niedrig und waren von mächtigen Balkendecken abgeschlossen. Im Barock hingegen baute man höher, große Fenster geben den Räumen viel Licht, und ihre dekorative Ausstattung wurde plastisch belebt. Figuren, Säulen und Gesimse vor den Wänden und reiche Deckengemälde beleben die Architektur, und Treppen führen in weitem Schwung durch die großen Eingangshallen nach oben. Bei kleinen Landschlössern griff man freilich oft auf einfachere Formen und Materialien zurück, statt Marmorstiegen gibt es hier hölzerne Treppen, und Säulen sowie andere Schmuckglieder wurden einfach auf die Wand gemalt.

Das ländliche Schloß ist also ein Abglanz der großen Feudalsitze, eine verkleinerte Residenz. In seiner landschaftlichen, gärtnerisch gestalteten Umgebung zeigte sich dies ebenfalls. Aus dem Renaissancegarten mit den regelmäßigen Formen der einzelnen Nutz- und Zierflächen, der Beete und Staudenstände war mit dem ausgehenden 17. Jahrhundert der Barockpark entstanden. Er folgt genau wie die Bauwerke einem einheitlichen Plan. In seiner Idealgestalt orientierte ein solcher Garten alle Linien, die Wege, Wasserläufe, auch Alleen und be-

Das Schloß im Dorf – Karnitz/Rügen

pflanzte Flächen, auf einen zentralen Punkt, der fast immer im Schloß und dessen Mittelbau liegt. Bäume, Stauden, Hecken und Büsche hatte man schon im Renaissancegarten zu Kunstformen wie Kugeln, Pyramiden, Kegeln und Zylindern verschnitten. Sicher hatten hierauf auch die naturwissenschaftlichen Entdeckungen und mechanischen Erfindungen des 17. und 18. Jahrhunderts Einfluß – so fand 1938 Descartes die Gesetze der analytischen Geometrie heraus, und Newton und Leibniz entwikkelten die Differentialrechnung. Wir wissen, daß auch heute technische Konstruktionen die künstlerische Gestaltung anregen – sicher war das damals nicht anders. Barock- oder gar Renaissancegärten blieben aber im Verhältnis zu ihrer einstigen Zahl nur wenige in Dörfern erhalten. Das liegt nicht allein an den großen gesellschaftlichen Veränderungen, die sich in den letzten drei Jahrzehnten in unseren Dörfern vollzogen. Schon im ausgehenden 18. Jahrhundert hatte man die künstlich geschaffenen Gartenformen und Pflanzengestalten auf ihre natürliche Gestalt zurückzuführen getrachtet. Vor allem in England begann man Landschaftsgärten anzulegen, die nun rasch zum neuen Vorbild für die Gartenkunst wurden. In ihnen finden wir nicht mehr die schnurgeraden Wege und geometrischen Pflanzungen, vielmehr schlängeln sich Pfade zwischen Hügeln und unregelmäßigen Wasserläufen dahin, Baumgruppen stehen ganz »natürlich« und lassen immer wieder neue Blickpunkte und Durchblicke auf Landschaftsteile und Bauwerke zu. Diese »romantische« Landschaft wurde im frühen

19. Jahrhundert ein Spiegel der Geisteshaltung der Menschen. Dementsprechend der Ruf der bürgerlich-revolutionären Kräfte nach einem »Zurück zur Natur«, mit dem sie auch gegen die überzüchtete, gekünstelte Rokokowelt und die unnatürlichen Lebensformen des Feudaladels schon 1789 auf die Barrikaden gestiegen waren.
Romantische Landschaftsparks entstanden nun neben einer großen Zahl ländlicher Feudalbauten – vielfach zusammen mit baulichen Erneuerungen oder völligen Neubauten der Schlösser. Man gab ihnen gern klassizistische Formen; das heißt, Bauwerke und Bauformen der antiken Kulturen, die man in Italien, Griechenland und dem vorderen Orient ausgegraben hatte und wissenschaftlich erforschte, bildeten Vorlagen für die Schöpfer der Architekturentwürfe. Seit der Mitte des vorigen Jahrhunderts kamen dann andere historische Vorbilder hinzu. Jetzt entdeckte man die europäische mittelalterliche Kunst neu, Gotik und Romantik kamen in Mode. Viele Herrenhäuser erhielten die Spitzbogenfenster, Zinnenkränze und Burgtürme. Schließlich griff man auch auf die Formen der Renaissance und des Barock zurück. In solchen Baugestalten entstanden vor allem die großbäuerlichen Herrenhäuser, aber auch ganze Gutsanlagen samt Scheunen und Stallungen – eines der reichsten Beispiele dafür finden wir in Gauernitz zwischen Meißen und Dresden.

Bauernburg und Wehrdorf

Wie das Schloß und Herrenhaus nahm auch die zweite Baugruppe, in der sich die dörflichen Lebensverhältnisse, Klassenunterschiede und gesellschaftlichen Auseinandersetzungen offenbaren, ihren Ausgang von mittelalterlichen Anlagen: Die Bauernburg oder das Wehrdorf entstand als Schutz- und Fluchtort der Bauern vor Angreifern und Übergriffen des Feudaladels, in Grenzlandschaften auch zur Verteidigung vor fremden Eroberern. Denken wir nun nicht unwillkürlich wieder an den frühgeschichtlichen Rundwall? Vom Zweck her sind sich Wehrdorf oder Bauernburg und Wall schon ähnlich – nur liegt zwischen dem frühen Sippen- oder Stammesverband im Ringwall und der spätmittelalterlichen Gemeinschaft und ihrer Wehranlage schon ein großer Sprung in der Entwicklung der Produktivkräfte. Die Bauern waren seßhaft geworden, Feldwirtschaft und Viehhaltung sowie die feudale Gesellschaftsordnung bestimmen ihr Leben. Vor allem aber bildete das Dorf im 15. und 16. Jahrhundert – aus dieser Zeit stammen die meisten der Bauernburgen – eine in sich fest geschlossene christliche Glaubensgemeinde, und einer solchen diente das Kirchengebäude als eigentliches Zentrum des Dorfes. Folgerichtig wurde dieser Steinbau – wir sprachen ja schon davon, daß die Bauernhütten lediglich aus Lehm, Stroh und Holz bestanden – zum Kerngebäude der Wehranlage. Kirchhofsmauern, wie wir sie in vielen Dörfern noch vorfinden, sind also verkleinerte Wehrmauern. Nun begreifen wir auch,

Die bäuerliche Eigenbefestigung – der Perfert in Pulsnitz

weshalb viele mittelalterliche Dorfkirchen so gewaltige Mauern haben, wieso wir an ihnen nur wenige, schmale und hochgelegene Fenster finden und ihre massigen Türme an Bergfriede erinnern. Mittelalterliche Dorfkirchen dienten oft als verteidigungsfähige Fluchtburgen, in denen man zur Not sogar das Vieh und viele Nahrungs- und Futtermittel unterbringen konnte. Damit ist die Kirche aber noch keine Burg. Zu einer solchen baute man sie in Gebieten aus, wo unterschiedliche feudale Besitzinteressen aufeinandertrafen. Das waren vielfach agrarisch hochentwickelte Landschaften entlang von Grenzen einzelner Königreiche oder Fürstenbesitze. Von den Kirchenburgen aus setzte man sich gegen Angriffe fremder Feudaler oft genug zur Wehr.

Die wohl großartigsten Kirchen- und Bauernburgen haben sich in der siebenbürgischen Landschaft der Volksrepublik Rumänien erhalten. Die Siedler sahen sich hier seit dem 15./16. Jahrhundert immer wieder zum Bau oft großer Schutzburgen gegen die vordringenden türkischen Heere gezwungen. In unserem Land blieben hingegen nur wenige und bescheidenere dörfliche Wehranlagen stehen. Dennoch vermitteln auch sie uns ein Bild einiger wichtiger Entwicklungsschritte der dörflichen Eigenbefestigung.

Der sogenannte Perfert in Pulsnitz in Sachsen stellt die wohl einfachste Form eines bäuerlichen Wehrbaues dar. Man kann dieses Bauwerk – was den Zweck anbelangt – mit dem steinernen Wohnturm der frühfeudalen Stadt vergleichen, in den sich bei Gefahr die jeweiligen Besitzer zurückzogen. Der

Perfert ist freilich jüngeren Ursprunges als diese Wehrbauten des 12. und frühen 13. Jahrhunderts. Er entstammt der ersten Hälfte des 15. Jahrhunderts, einer Epoche, in der es zwischen der bäuerlichen sorbischen Bevölkerung des Gebietes und dem besitzergreifenden Feudaladel sowie den Hussiten immer wieder zu Auseinandersetzungen kam. Das Gebäude diente als regelrechter Schutzbau für den Belagerungsfall. Es wurde unmittelbar neben der Bauernstelle auf einem wohl künstlich angelegten Hügel errichtet und von einem flutbaren Graben umgeben. Hierher konnten sich die Bauernfamilie und ihr Gesinde zurückziehen und auch die lebensnotwendigen Dinge mitnehmen. Gegenüber einfachen Wurf- und Schleuderwaffen bot der Bau Schutz, zumal sein Dach ursprünglich genau wie die Wände aus einer Holzkonstruktion mit darübergelegten Lehmplatten bestand, also sogar bedingt feuerfest war. Im Laufe der Jahrhunderte ist der Perfert – das Wort bedeutet soviel wie Zuflucht – etwas verändert worden und erhielt ein Rohrdach. Seit seiner Restaurierung als Museum vermittelt er aber einen Eindruck von Befestigungen, die sicher in größerer Zahl während der Hussitenkriege im 15. Jahrhundert in vielen Dörfern entstanden waren.
Gegenüber dieser einfachen Form einer »Familienfestung« bildet in unserem Land die Kirchenburg und Bauernfestung von Walldorf im Werratal die höchste Stufe der dörflichen Wehranlage. Sie ist aus einer mittelalterlichen Feudalburg entstanden, in die man später die Dorfkirche hineingebaut hat. Der Turm dient gleichzeitig als Torbefestigung, durch

die man in den rechteckigen großen Burghof gelangt. Vier Rundtürme sicherten die Burgecken. Hier haben wir es also mit der Inbesitznahme eines Feudalsitzes durch die Bauernschaft zu tun, ein Beispiel für das Erringen politischer Macht durch die Dorfbewohner. Im Werratal spielten sich ja auch entscheidende Klassenauseinandersetzungen während des Bauernkrieges ab – in diesem Zusammenhang ist eine solche Kirchenburg ein interessantes Geschichtszeugnis.

Eine dritte Form dörflicher Befestigungswerke bildet die Kirchenumwehrung, wie sie in Teilen rings um die Kirche des alten Dorfkernes von Karl-Marx-Stadt-Ebersdorf erhalten ist. Für derartige Bauten lieferten oft die Ummauerungen von Klöstern Vorbilder. In ihnen verbanden ihre Erbauer nicht selten die notwendigen baulichen Anlagen für religiöse Prozessionen mit einem Wehrzweck und gesonderten Verteidigungswerken.

Die größten und beinahe noch kompletten Bauernburgen stehen – wir vermerkten es schon – in Rumänien. In ihren vielgestaltigen, bei großen Siedlungen oft ausgedehnten Anlagen fließen zwei Traditionen ineinander: die des gesellschaftlichen Wehrbaues, wie ihn die mittelalterlichen Stadtbefestigungen darstellen, und die baukünstlerische Formung der Kirchengebäude, welche stets den Kernbau einer solchen Burg bilden. Es sind ausgeklügelte Befestigungssysteme, die sowohl für eine kurzfristige Verweildauer wie auch als langfristiger Aufenthaltsort für die gesamte Dorfgemeinschaft dienen konnten. Im Belagerungsfall wurden in den

Die Kirchenburg – Biertau in Siebenbürgen/VR Rumänien

Burgen ganze bäuerliche Hausstände untergebracht – samt Vieh und Gütern.

Betrachten wir eine solche Kirchenburg etwas näher. (Es handelt sich um die Burg Viscri.) Als Hauptgebäude erhebt sich in der Mitte der Rundburg und am höchsten Punkt des Geländes die Kirche. Ihr Turm entspricht genau dem Bergfried in der Feudalburg: ein hoher viereckiger Bauklotz, von dessen obererem Umgang das Umland der Burg ausgezeichnet beobachtet werden konnte. Seine meterdicken Mauern umschlossen die letzte Zufluchtsmöglichkeit, wenn die Burg wirklich einmal erstürmt wurde. Deshalb ist auch das Turminnere in mehrere Geschosse aufgegliedert. Geringe Mengen Nahrungsmittel, vielleicht auch einiges Vieh ließen sich unterbringen, und aus den einzelnen Geschossen konnte man Aufenthalts- und Verteidigungsräume machen. Es war für Angreifer nicht leicht, eine solche Burg einzunehmen. Erstens verteidigte ihre Besatzung das eigene Hab und Gut und nicht den Besitz des Feudalherrn. Dann umzog eine mächtige Doppelmauer den großen runden Innenhof, und vor ihr lagen noch mehrere Wälle und Gräben – ganz ähnlich den städtischen Befestigungsringen.

Diese Doppelmauer ist eigentlich ein Gebäudering, dessen innere und äußere Wand durch die Überdachung verbunden sind. In den so entstandenen Räumen ließen sich Menschen, Vieh und Güter unterbringen, die Aufteilung in mehrere Geschosse erhöhte dabei die Nutzbarkeit. Vor allem die Außenmauer ist sehr dick. Sie diente als Schildwehr und hat die entsprechenden Verteidigungsöffnungen. Die innere Mauer hingegen ermöglicht durch große Türöffnungen einen raschen und bequemen Zugang zu den Räumen; über Galerien gelangte man in den oberen Geschossen ins Innere und zum Wehrgang, der zwischen Mauerkrone und Dach eingebaut ist. Hinzu kommen Türme und Vorbauten an den vier Hauptverteidigungsrichtungen, von denen aus auch das unmittelbare Mauervorgelände mit Feuerwaffen und Wurfgeschossen erreicht werden konnte. Den Burgzugang sicherte ein weiterer Turm. Eine richtige Festung also. Sie unterscheidet sich von der Feudalburg eigentlich nur insofern, als sie nicht in eine Kernburg – für die Adelfamilie – und eine Vorburg – für Knechte und Vieh – aufgeteilt ist, sondern aus einem großen, gemeinschaftlich genutzten Wehrraum besteht. Die bereits entwickelten Feuerwaffen des 15. und 16. Jahrhunderts bedingten schließlich entsprechend starke, feuer- und schußfeste Bau- und Mauerwerke. Das Burginnere hingegen gestalteten ihre Erbauer nicht nur zweckmäßig, sondern oft auch mit Hilfe von künstlerisch geschulten Handwerkern im Stile der spätgotischen Baukunst, und besonders die Kirchen wurden durch reiche Architekturformen und auch Bildwerke geschmückt. Damit begegnen wir an den doch ganz zweckbezogenen Wehrbauten der gleichen Freude an Vielgestaltigkeit und handwerklich-künstlerischer Gestaltung, wie wir sie in unseren Landschaften auch bei vielen Kirchen und Bauernhäusern finden können. Zweck und Schönheit harmonieren hier ähnlich und doch in anderer Weise

als am Schloß oder an den Wohn- und Gemeinschaftsbauten des Stadtbürgertums.
Angesichts der Kirchen- und Bauernburgen und ihrer charakteristischen Gestalt denken wir wiederum an die recht ähnliche Form des Runddorfes mit seinem Scheunenring, der im Notfall als Wehrmauer dienen konnte. Burg, Kirchenfestung und wehrhaftes Dorf zeigen also im ausgehenden Mittelalter – und noch lange Zeit weiter – aus dem Verteidigungszwang geborene, verwandte Grundformen. Mitunter wundern wir uns über Reste aus gewaltigen Feldsteinen aufgetürmter Mauern innerhalb von Dörfern oder rings um deren alte Kerne. Manche dieser lehmverbundenen Steinmauern sind in der Tat letzte Stücke einstiger Wehranlagen!

Sanitäre Verhältnisse im alten Dorf

Einer Frage sollten wir noch nachgehen, ehe wir uns den eigentlichen Wohn- und Wirtschaftsbauten im Dorf zuwenden, steht sie doch in unmittelbarem Zusammenhang mit dem Leben der Menschen. In den alten Dörfern gab es überhaupt keine zivilisatorischen Einrichtungen, wie wir sie heute kennen, also Toiletten, Bäder, fließendes Wasser, ganz zu schweigen von elektrischem Strom und Gas, die ja selbst in unserem Jahrhundert anfänglich noch in vielen Dörfern fehlten. Der Misthaufen war Toilette, der Dorfteich oder ein Bach dienten als Waschanlage – sofern man überhaupt an eine tägliche Reinigung im heutigen Sinne dachte! Bisweilen findet man noch

an alten dörflichen Wohnbauten die kleinen Holzhäuschen und darin ein Brett mit kreisrunder Öffnung über der »duftenden« Grube darunter. Bedenken wir aber, daß schon derartige Einrichtungen einen Fortschritt bedeutet haben. Im Mittelalter kannte man nur an den Feudalburgen Aborterker. Diese kleinen Anbauten kleben wie Schwalbennester an den Außenmauern der Burgen hoch oben über den Gräben oder Berghängen. Sie funktionierten übrigens nach dem gleichen System der »Plumsanlage« wie die kleinen Holzhäuschen, von denen wir gerade sprachen. Der berühmte und ob seiner schönen baukünstlerischen Gestalt vielbewunderte »Danzker« des Ordensritterschlosses Marienburg, jetzt Malbork in der Volksrepublik Polen, war eben letztlich eine für mittelalterliche Verhältnisse phantastische und nur der höchsten Feudalität zustehende Toilettenanlage.
Über die Gerüche im Dorf der mittel- und nachmittelalterlichen Zeit bis an den Beginn unseres Jahrhunderts brauchen wir uns keinen Illusionen hinzugeben! Die im Grunde absolut unhygienischen Verhältnisse hatten denn auch die hohe Sterblichkeit und vor allem die zahllosen Epidemien in den Dörfern zur logischen Folge. Die Geschichte berichtet immer wieder von Bränden und Pestverheerungen in den Städten – wie viele davon gab es aber erst in jenen alten Dörfern, wo Mensch und Vieh nicht nur den gleichen Hof, sondern auch das gleiche Haus und anfänglich den gleichen Raum teilten! In der Tat stellen sich unter diesem Blickwinkel die allmähliche Trennung der Lebensbereiche von Mensch

und Tier, die Ordnung der einzelnen Funktion von Leben und Arbeit und ihre bauliche Einkleidung und schließlich die Gestaltung der Architekturen als Ergebnisse einer langen gesellschaftlichen und geistigen Entwicklung der Dorfbewohner dar. Jede einzelne dieser Etappen war in gewisser Weise ähnlich revolutionär zu historischer Zeit wie heute die Veränderung von Produktionsformen und Lebensbedingungen auf dem Lande.

Wohn- und Wirtschaftsbauten

Bauernhaus und Gehöft sind Zweckbauten, in denen sich Wohn- und Produktionsstätten vereinen – Viehhaltung und Güterlagerung sind ja ein Teil der landwirtschaftlichen Produktion. Nicht in allen Bauten ist von vornherein die Trennung von Wohn- und Wirtschaftsbereich gegeben. Wir sahen schon, daß sich dies erst im Laufe der Entwicklung der bäuerlichen Wirtschaft ergab. Im Haus oder Hof veränderten sich schließlich die Größenverhältnisse mit der Ausdehnung der landwirtschaftlichen Arbeit. Die Wirtschaftsbauten wurden nach und nach die größten Gebäude im Gehöft.
Auch die Hausformen haben sich genau wie die Dörfer in unterschiedlichen Kulturlandschaften jeweils andersartig ausgeprägt. Ganz unterschiedliche Baustoffe wurden für die äußeren Gestalten der Bauernhäuser entscheidend – im Flachland Lehm und Stroh, Holz und Ziegel und Rohr für die Dächer, im Hochgebirge Felsgestein, Holz und als Deckung

Blockspeicher in Niederlungwitz/Bez. Karl-Marx-Stadt

Schindeln. Seit dem vorigen Jahrhundert verwendete man häufig auch Schieferplatten als Wandverkleidung. Fast immer wurden die in der unmittelbaren Umgebung vorhandenen natürlichen Baustoffe benutzt. Den leibeigenen, aber auch freien Bauern fehlten die Mittel zu mehr als nur einfachen Bauwerken, und die vermögenden Feudal- und Dorfherren zeigten kein Interesse an einer baulichen Aufwertung der bäuerlichen Lebensbedingungen.

Erst nach dem Dreißigjährigen Krieg und mit dem Beginn der feudalabsolutistischen Epoche kam es zu einem gezielteren Ausbau der Landwirtschaft und damit auch einer gewissen Erweiterung und Veränderung traditioneller Produktions- und Baugewohnheiten im Dorf. Viele der im Krieg verwüsteten Siedlungen waren menschenleer, und Bauern und Feudale legten nun neue Dörfer an. In manchen Dorfnamen deuten die Silben »wüst« und »neu« noch jene Vorgänge an.

So bildet die zweite Hälfte des 17. Jahrhunderts in unserem Gebiet eine Art historische Grenze des ländlichen Baubestandes. Es gibt nur ganz wenige ältere Bauwerke in unseren Dörfern. Die meisten älteren stammen aus dem späten 17. Jahrhundert. Die Renaissance- und Barockbaukunst der Städte und auch der Schlösser hatte einen – wenn auch nicht immer in Formen sichtbaren – Einfluß auf diese Gehöfte. Über Türen findet man die typischen gebogenen Stürze, bisweilen flankieren sogar Sitznischen wie an Stadthäusern eine Hoftür. Im Haus selbst entsteht nun die Wohnstube und neben ihr ein eigener Schlafraum.

Die Bauern waren in der Geschichte – und sie sind es unter nichtsozialistischen Produktionsbedingungen ja weiter – keine einheitliche Gruppe innerhalb der Gesellschaft. Vielmehr unterscheiden wir die Vollbauern oder Gehöftbesitzer – die sogenannten freien Bauern – von den minderberechtigten Halbbauern oder Kleinbauern, also den Besitzern nur kleiner Landstücke und wenigen Viehs, und schließlich den Büdnern und Tagelöhnern im Dorf. So stehen auch die einzelnen Grundformen der Bauernhäuser immer im Bezug zu den wirtschaftlichen Verhältnissen ihrer Bewohner und deren Abhängigkeitsgrad vom Feudalherrn.

Wir untergliedern die Vielzahl der Bauernhäuser in drei große Gruppen, entscheidend ist jeweils die innere Ordnung des Hauses. Das sogenannte Einheitshaus vereinigt Stall, Scheune und Wohnräume unter einem Dach. Die zweite Gruppe bilden die Wohnstallhäuser, also Bauernhäuser, die in sich die Wohn- und Wirtschaftsfunktion verbinden, während die Güterlagerung in einem eigenen Speicher oder der Scheune vorgenommen wird. Die ausschließlichen Wohnhäuser bilden die dritte Gruppe, denn im Gehöft sind Wohnen, Viehhaltung und Lagerung jeweils in einem eigenen Gebäude üblich.

Die älteste Form des Bauernhauses bestand aus nur einem einzigen Raum mit einer Feuerstelle in der Mitte. Bei einigen Naturvölkern kann man noch ähnliche »Häuser« finden. Entwicklungsgeschichtlich folgen dann das Wohnstall- und das Wohnspeicherhaus, in denen die Bewohner einfach den Einraum unterteilten. In unterschiedlichen Landschaf-

Niederdeutsches Hallenhaus
1 Diele und Herdstelle, 2 Stallungen, 3 Wohnstuben,
4 Gesindekammern

ten bildeten sich dabei eigene Grundrißteilungen heraus, die wir nun weniger historisch als vielmehr geographisch von Nord nach Süd, vom Ostseeraum bis zu den Alpen und Karpatenlandschaften verfolgen wollen.

Das niederdeutsche – übrigens auch für Südskandinavien und die Niederlande charakteristische – Bauernhaus gehört zu den Einheitshäusern. Betrachten wir es zunächst von außen. Im Küstengebiet finden wir noch eine ganze Reihe dieser alten Bauernhäuser. Ein mächtiges und langgestrecktes Rohrdach scheint die niedrigen Wände in den Boden zu drücken. Ganz bequem können wir die Traufkanten des Daches berühren. Gut vier- bis fünfmal höher aber ragt der Dachfirst auf, und an den beiden Giebelseiten ist er wie ein Schirm über die Wand vorgezogen. Vor dem First bildet ein kleines abgeschrägtes Dreieck den Walm – in kleinerer Form auch Krüppelwalm oder nur Krüppel genannt. Die Wände bestehen aus einer Fachwerkkonstruktion, die bei einfachen Bauernhäusern mit einem Lehm-Stroh-Gemisch verfüllt ist. Als Schutz gegen Nässe und Sonnenaustrocknung werden diese Flächen weiß gekalkt. Später benutzte man vielfach auch Backsteine zum Ausmauern der Gefache, und bisweilen sind sie zu schönen Mustern versetzt. Nicht selten haben die Zimmerleute aber auch die Fachwerkkonstruktion zu künstlerischen Mustern zusammengefügt, besonders an den Giebelseiten. Sicher geschah dies auch unter dem Einfluß städtischer Bürgerbauten, wenngleich die Bauernhäuser immer ihre ganz eigene Gestalt

Gulfhaus aus Friesland
1 Gulf, 2 Stallungen, 3 Diele, 4 Flur, 5 Wohnstuben, 6 Küche und Herd

bewahrten. In einigen Landschaften – so der Altmark – finden wir auch durch Schnitzwerk und Inschriften verzierte Balken an den ländlichen Bauten, und die Holzkonstruktion konnte bisweilen farbig gefaßt sein. Das Bauernhausmuseum in Diesdorf birgt solch ein schönes niederdeutsches Haus.

Ist der Dachwalm über den gesamten Hausgiebel herabgezogen bis zur Traufe, so sprechen wir von einem Gulfhaus. Vorwiegend im Niedersächsischen war dieser Haustyp beheimatet. Wie das mecklenburgische und pommersche Haus war auch das niedersächsische ein Ständerbau. Dazu werden nun einige Erklärungen nötig. Der Begriff Ständerbau rührt aus der Baukonstruktion und aus der räumlichen Aufteilung des Hausinneren her. Das Hallenhaus, und ähnlich auch das Gulfhaus, besteht innerhalb der niedrigen Längswände und der hohen Giebelseiten aus zwei Reihen von Stützen, die in Längsrichtung des Hauses im Abstand von wenigen Metern hintereinander stehen. Diese Ständer – daher der Begriff Ständerbau – sind jeweils paarweise quer durch Binder oder Querhölzer verbunden und werden durch Längsbalken ebenfalls aneinander gehalten. Auf der Verbindungsstelle von Ständer und Binder ruhen die langen Dachsparren, die von der Seitenwand schräg nach oben zum First ansteigen. Dieses innere Gerüst – nicht die Hauswand – trägt also den gesamten Dachaufbau.

Darunter liegt der langgestreckte und durch die Ständerreihe dreigeteilte Innenraum mit einem offenen Dachstuhl, die Halle. Eine ähnliche Raumform hat ja auch die ungewölbte mittelalterliche Kirche, die aus einem hohen Mittelschiff und zwei niedrigeren Seitenschiffen besteht. Durch das breite und hohe Giebeltor, so groß, daß ein vollbeladener Erntewagen einfahren kann, gelangt man in die langgestreckte Diele des Hallenhauses. In den niedrigen Seitenteilen rechts und links zwischen Ständern und Wand befanden sich ursprünglich die Stallungen hinter niedrigen Verschlägen. Man nennt diese Hausteile Kübbung. In der Regel enden sie etwa in der Mitte des Längshauses, das sich nun hier zu einem großen Querraum ausweitet und die Herdstelle hat, den Flett. An diesen schließen sich die Wohn- und Schlafräume der Bauernfamilie und die sogenannte Altenteilerstube für die alte Generation an. Kammern für das Gesinde lagen unmittelbar neben den Ställen.

Die große Diele ist der eigentliche Hauptraum, in dem sich die bei einer Bauernstelle notwendigen Dinge abspielten. Von ihr aus wurde das Vieh gefüttert, hier wurde die Ernte eingefahren und gedroschen, und der große Dachraum über den Querbalken nahm schließlich die gesamte Ernte auf. In Schwerin-Muess ist ein solches typisches Hallenhaus restauriert und als Museum eingerichtet worden.

Natürlich gibt es landschaftliche Unterschiede in der inneren Aufteilung der Hallenhäuser und seiner Räume. So diente zum Beispiel in friesischen Häusern die lange Mitteldiele als Lagerraum, während man die Seitenräume für die Dresch- und andere landwirtschaftliche Arbeit benutzte.

Inneres eines niederdeutschen Hallenhauses im Freilichtmuseum Cloppenburg/BRD

Das ebenfalls in der friesischen Landschaft anzutreffende Gulfhaus ist im Konstruktionsprinzip dem Hallenhaus ähnlich. In seinem Grundriß aber wird der Wohnbereich stärker vom Produktionsbereich getrennt. Während das Hallenhaus durchgängig gebaut wurde, hat das Gulfhaus eine schmalere, an beiden Seiten eingezogene rückwärtige Giebelpartie. Hier liegen die Wohnräume des Bauern und des Altbauern. An der vorderen Giebelseite führen zwei Tore in das Haus – eines in die hier seitliche Dreschdiele, das andere in die gegenüberliegenden Stallungen. In vielen dieser Häuser nimmt dabei die Stallung auch die vordere Giebelseite mit ein. Die ausgeprägte Vieh- und Weidewirtschaft in dieser Landschaft erforderte entsprechend große Ställe. So entsteht zwischen den abgewinkelt angelegten Viehremisen, der Dreschdiele und dem rückwärtigen Wohnteil in der Mitte des Hauses ein großer Raum – meist zwischen vier mächtigen Stützen –, den man Gulf nennt. Daher auch der Name für das Haus. Von dem Vierstützengerüst her wurde dann das Dach nach allen vier Seiten abgewalmt, so daß das Gulfhaus sich vom Hallenhaus auch dadurch unterscheidet. Ihm fehlen an den Schmalseiten die Giebel.
Solche ursprünglich über den nordmitteleuropäischen Raum verbreiteten Bauernhäuser wirken mit ihren erdhügelhaften Dächern über den nur niedrigen Mauern und Lehmwänden geduckt. Oft scheint es, als wollen sie Schutz suchen unter den mächtigen Bäumen, die dicht neben ihnen aufragen. Hausbäume bieten tatsächlich Sicherheit vor Sturm und

Oberlausitzer Umgebindehaus

peitschendem Regen, sie vermögen auch Blitzschläge aufzunehmen!
Geographisch folgt der Küste und ihrem fruchtbaren Hinterland der breite Tieflandstreifen bis zu den Mittelgebirgen. Ein besonders verbreiteter Gebäudetyp war hier das Wohnspeicherhaus. Wir finden es heute noch im Spreewald und der sorbischen Lausitz in einigen Exemplaren vor. Im Spreewalddorf Lehde entstand mit der Veränderung der Produktionsverhältnisse ein Freilandmuseum, in dem für die Spreewaldlandschaft charakteristische, heute schon einmalige ländliche Bauten »zusammengetragen« worden sind. Man brach die Holzbauten an ihren ursprünglichen Standorten ab und stellte sie in Form eines Dorfes neu zusammen. In dem einst wald- und damit holzreichen Gebiet errichtete man Bauernhäuser als Blockbauten. Ihre Wände bestehen aus horizontal übereinandergelegten Baumstämmen; an den Ecken wurden sie miteinander verzahnt, und die Zwischenräume zwischen den Stämmen sind mit einem Lehm-Stroh-Gemisch säuberlich verschmiert. Unternehmen wir eine Ferienreise in die Beskiden oder ins Land der Goralen rings um die Tatra, so werden wir dort noch viele solche alten Bauernhäuser vorfinden. Während hier die Bauern bunte Farben liebten, bevorzugten die Spreewälder und Lausitzer mehr einen braunschwarzen Anstrich für ihre Häuser.

Vielfach sind die Wohnspeicherhäuser von der Mitte her erschlossen, das heißt, hinter dem Eingang an der Traufseite schließt sich ein Mittelflur quer durch das Haus an – genau anders als im Hal-

lenhaus also. Rechts und links dieses Flures liegen dann die Wohn- und gegenüber die Speicherräume – eine einfache Dreiteilung quer durch das Haus. Vom Karpatenbogen bis nach Westeuropa war das ein weitverbreiteter Haustyp. Äußerlich und im Baumaterial treten indes große Unterschiede auf. Eine besonders eigenwillige und in unserem Lande zwischen der Oberlausitz und Ostthüringen vorzufindende Baugestalt ist das Umgebinde. Es handelt sich dabei um eine schon weit entwickelte und handwerklich oft kunstvoll gestaltete Holzkonstruktion an ein- und zweigeschossigen Häusern. Das Umgebinde besteht aus Ständern, die vor der Blockbauwand aufgestellt sind und einen Rahmen aus horizontalen Hölzern tragen. Mit denen sind sie durch Kopfbänder und Riegelhölzer wiederum verbunden, so daß sich dieses konstruktive Gefüge wie eine Säulen- und Bogenarchitektur vor die Blockhauswand legt. Auf dem Rahmenholz ruht meist die Wand des Obergeschosses, die ebenfalls aus Fachwerk gefertigt ist. In dieser schon recht entwickelten Weise ist der Wohnteil des Hauses gebaut, und seine Blockstube – so genannt nach der Wandkonstruktion – nimmt oft das gesamte Untergeschoß auf einer Flurseite ein. Die Speicherseite des Hauses hingegen besteht aus Lehm- oder Feldsteinmauerwerk und hat zudem nur ganz wenige kleine Fensteröffnungen. In diesem nicht heizbaren Teil diente das Mauerwerk auch der besseren Wärme- und Kältedämmung.
Je weiter wir uns südwärts bewegen, desto häufiger treffen wir auch heute noch auf die einst weit ver-

breitete Fachwerkarchitektur in den Dörfern. Im Hügelland Nieder- und Obersachsens, im Harz, in Thüringen, Hessen und Franken, also dem Land zwischen Mittelgebirgen und Alpen, finden sich die reichsten und schönsten Fachwerkbauten. Wollten wir alle ihre Besonderheiten und handwerklich-technischen Begriffe kennenlernen, bedürfte es eines eigenen kleinen Büchleins. Das Umgebinde hatte uns schon mit einigen der Fachwerk-Fachworte zusammengeführt. Schauen wir deshalb zunächst einmal, welches Prinzip eigentlich dem Fachwerkbau zugrunde liegt.

Das Fachwerk besteht aus tragenden, lastenden, verbindenden und stützenden Konstruktionselementen – es gibt vertikale, horizontale und schräge Stäbe. Die vertikalen bezeichnet man als Ständer, Pfosten, Stiele oder Stäbe, die horizontalen sind die Rahmenhölzer oder Rähm, und die unterste Horizontale bildet das Schwellholz. Auf ihm stehen wie auf einem Fundamentring die Ständer. Kurze, verbindende Horizontalhölzer sind Riegel, während die schräg verbindenden und aussteifenden Hölzer als Streben, Bänder oder Kreuze bezeichnet werden. Und die ganz kurzen schrägen Verbindungen etwa von Ständern und Rahmenhölzern sind Knaggen oder Kopfbänder. Die Gefache zwischen den Hölzern können mit Lehm und Stroh, Ziegelmauerwerk oder auch Naturstein ausgefüllt sein.

Im Laufe der handwerklichen und baukünstlerischen Entwicklung seit dem Mittelalter verfeinerte sich die Fachwerkarchitektur. Sie wurde immer formenreicher und erlangte schließlich im 17. und 18. Jahr-

hundert in der kleinstädtischen und ländlichen Baukunst eine regelrechte Blüte: Die Zimmerleute behauten die Hölzer kunstvoll, so daß an ihnen viele Profilformen zur Geltung kommen. Aus den Knaggen bauten sie fächerförmige »Sonnenräder« an Stielfüßen und Stielköpfen, deren Profile dann von den Hausbesitzern bunt bemalt wurden. Die Holzkonstruktion selbst wurde ebenfalls gefärbt, in manchen Landschaften schwarz, in manchen rotbraun und mitunter auch gelblichbraun und grünlich. Ebenso erhielten die Lehm-, vor allem aber die Ziegelfüllungen dekorative Ordnungen, und man versetzte sie zu schrägen oder kreuzförmigen Mustern. Holz ist jedoch ein verhältnismäßig empfindlicher Baustoff, und es reagiert bei mangelnder Pflege und bei starker Umweltbelastung auf seine Weise: Holz wird feucht, morsch und zerfällt schließlich. Das führte in der Vergangenheit schon zu vielen Verlusten an schönen Fachwerkhäusern in Städten und Dörfern. Vor allem aber die unzweckmäßigen Modernisierungen und »Verschönerungen« vieler alter Fachwerkgebäude schon im vorigen Jahrhundert trugen zu ihrer Bestandsverminderung im Dorfbild bei. Hinter manchem Fassadenputz liegt eine schöne Fachwerkwand verborgen!
Für unser geographisches Gebiet faßt man die Fachwerkbauten der Wohnstallhäuser unter dem Begriff des mitteldeutschen Bauernhauses zusammen. Typologisch zählen die quergeteilten und vielfach zweigeschossig ausgebauten Häuser zu den jüngeren, sie entstammen meist der Zeit des 18. Jahrhunderts. So entsprechen auch ihre Bauformen und In-

nenräume bereits höher entwickelten Wohn- und Lebensbedürfnissen. Während das niederdeutsche Hallenhaus in der Regel einen lehmgestampften Fußboden besaß und höchstens die Wohn- und Schlafräume des Bauern und des Altbauern eine – vielfach später erst eingebrachte – Dielung haben, verfügt das mitteldeutsche Bauernhaus schon über steinbelegte Flure. Die Wohnräume, beim Umgebindehaus die Blockstube, sind gedielt, und seit dem vorigen Jahrhundert wurden die Wohnteile der Häuser auch unterkellert.

Bei der großen Verbreitung dieses Haustyps ist auch seine landschaftliche Entwicklung und Ausprägung mannigfaltig, und wir unterscheiden fränkische, hessische, niedersächsische, ja ostthüringische, westsächsische, erzgebirgische, egerländische, Nieder- und Oberlausitzer Fachwerk- und Bauernhäuser in dem relativ engen Landstrich zwischen Meiningen und Görlitz, Quedlinburg und Klingenthal.

Zwei südliche Bauernhaustypen mögen unseren großzügigen Überblick beschließen, denn ihre Baugestalten sind besonders charakteristisch. Da ist zunächst das Schwarzwaldhaus, ein Einheitshaus wie das niederdeutsche, im Gegensatz zu ihm aber quergeteilt wie das mitteldeutsche. Die einzelnen Funktionsbereiche sind hier nun jeder für sich von der Längsseite her erreichbar. Stallungen, Flur mit Wohn- und Küchenräumen, die Dreschdiele oder Tenne haben je einen eigenen Zugang. Als vierter Teil kommt schließlich der sogenannte Schopf hinzu, ein Mehrzweckraum. Alle diese Räume liegen unter einem großen Walmdach.

Schwarzwälder Bauernhaus

Ähnlich dem Schwarzwaldhaus wird auch das alpenländische Bauernhaus sehr oft an steilen Hängen errichtet, vielfach ist sogar sein Wohnbereich mehrgeschossig ausgebaut, denn er liegt immer an der Talseite. Reich geschnitzte Holzgalerien umschließen diesen Teil des Hauses. Während der Wohnteil des alpenländischen Bauernhauses fast immer in Blockhausweise gefügt oder geschindelt ist, also mit kleinen Holzbrettchen verkleidet, bilden mächtige Mauern aus Felsbrocken seinen Wirtschaftstrakt. In diesem bergseitigen Teil befindet sich auch die Einfahrt in die Tenne, die – abgesehen vom Wohnbereich – den ganzen Oberbau des Hauses einnimmt. Ein besonderes Charakteristikum des alpenländischen Bauernhauses ist sein Dach: meist nur ganz wenig geneigt. Man hat zur Sturmsicherung große Steine und rundliche Felsstücke daraufgelegt. Außerdem verhindert diese flache Dachform das gefahrbringende Abrutschen des hier meterhohen Schnees. Die Umweltbedingungen tragen also auch zur Ausprägung bestimmter Formen der ländlichen Architektur bei.
In vielen Landschaften und Dörfern ist das Gehöft die eigentlich hervortretende Baugruppe geworden. Ein Gehöft ist eine Art Produktionsbetrieb auf Familienbasis, denn alle Mitglieder der früher oft vielköpfigen Bauernfamilien waren in die Hofarbeit eingespannt, und häufig trugen drei Generationen – Großeltern, Eltern und Kinder – das Unternehmen. Hinzu kamen Knechte und Mägde bei größeren Gehöften.
Das Dach vermochte nicht mehr alles – Wohnraum,

Alpenländisches Bauernhaus

Ställe und Scheunen – zu überspannen. Die unterschiedlichen Arbeits- und Zweckbereiche wurden auf einzelne Bauten verteilt. Sie können ganz unterschiedlich groß sein, denn sie folgen ja dem Umfang und der Flurgröße der Bauernwirtschaft. Das Hauptgebäude ist in jedem Falle das Wohnhaus. Es kann sogar aus einem älteren Einheitshaus hervorgegangen sein, dann hat es noch einen Stallteil. Sein zweigeschossiger – oft nachträglicher – Ausbau entspricht den Familien- und Wirtschaftsvergrößerungen. Wir kommen noch auf die damit verbundene Innenteilung zu sprechen. In der Regel schließt an das Wohnhaus rechtwinklig die Scheune an, ihm gegenüber steht dann wiederum das Stallgebäude, bisweilen liegen in dessen Obergeschoß die Kammern für das Gesinde. Diese eben beschriebene Anlage ist der Dreiseithof – drei Seiten des Gehöftes sind umbaut. In seiner Hofmitte befindet sich die Kute für Mist, auch eine Tränke oder Viehschwemme kann es hier geben. Die vierte Hofseite, die bis auf wenige Ausnahmen der Straße oder dem Zufahrtsweg zugewandt liegt, wird häufig durch eine Mauer mit großem Tor oder auch durch einen Torbogen geschlossen.

Der Vierseithof hat meist zwei Scheunen, jeweils am Wohn- und Stallgebäude, und das dabei an der Eingangsseite liegende Gebäude ist um die Torbreite kürzer als die anderen. Mitunter – in Thüringen in schönen Beispielen erhalten – gibt es auch Torhäuser in solchen Gehöften. Eigentlich sind dies überbaute Hofeinfahrten und vielfach in Fachwerk errichtet. Ist ein Gehöft völlig in sich geschlossen, so

Mitteldeutscher Dreiseithof (oben) und Vierseithof (unten)

daß die Hofzufahrt durch das Wohngebäude hindurchführt und keine »offenen« Seitenstücke im Gutshof vorhanden sind, sprechen wir von einem Vierkanter.

In Runddörfern trifft man bisweilen auf eine ganz eigenartige Gehöftform: Die Wohn- und Wirtschaftsbauten liegen hier hintereinander Giebel an Giebel in Reihe. Solche Langhöfe entstanden auf den schmalen Grundstücken rings um den Mittelplatz des Dorfes. Sie verbreitern sich nach der Feldseite, und hier stehen in manchen Orten die großen Scheunen quer – wir erinnern uns der wehrhaft anmutenden und ursprünglich auch einem solchen Zweck dienenden Scheunen-Mauer um die Rundlinge.

In Zeilendörfern oder Streusiedlungen herrschen mitunter paarige Hofbildungen vor. Dabei liegen sich Wohnhaus und Scheune – besser Wohnstallhaus und Scheune oder Wohnhaus und Stallscheune – jeweils gegenüber, so daß es zu einer Aufreihung derartiger Gehöfte entlang der Straße gekommen ist. Solche Dorfbilder haben sich freilich seit der Bildung landwirtschaftlicher Produktionsgenossenschaften stark verändert. Scheunen und Stallung der relativ kleinen Gehöfte sind vielfach umgebaut oder durch neue Wohnbauten ersetzt worden. Das trifft auch auf Kleinhöfe zu, bei denen Wohnstallhaus und Scheune winkelförmig zueinander angeordnet sind und inzwischen um- und ausgebaut wurden.

Haben wir damit die wohl am häufigsten anzutreffenden Gehöftformen erfaßt, wollen wir nun noch

Wohnstube eines mitteldeutschen Bauernhauses

einen Blick in das Innere werfen. Für das Wohnhaus gibt es mannigfaltige Aufteilungen. Sehr oft befindet sich an seiner Giebelseite – und meist zur Straße hin – ein großer gemeinschaftlicher Wohn- und Eßraum. Man gelangt über den Hausflur von der Traufseite her in diesen Raum. Ebenfalls von diesem Flur geht es zur Küche, die in älteren Bauernhäusern indes wenig einladend war. Ein Fenster lag meist hoch oben in der Wand und diente vor allem als Abzug. Den größten Raum nahm der mächtige Herd ein, dessen Feuerstellen erst mit dem Aufkommen industrieller Brennmaterialien – der Briketts – nicht mehr offen waren. Wir können uns denken, daß der Begriff »schwarze Küche« auch auf das Raumbild zutraf. Ebenso können wir nur ahnen, unter welch schweren Bedingungen die Frauen hier einen doch recht wichtigen Anteil der bäuerlichen Wirtschaft zu tragen hatten! Von der Küche gelangte man mitunter noch in das »Gewölbe«, die nach der Deckenform benannte Vorratskammer für Lebensmittel, und in größeren Häusern konnte man auch den außen angebauten Backofen von der Küche her beschicken. Im Obergeschoß liegen die Schlafräume der Bauernfamilie und mitunter auch die große »gute Stube« für festliche Anlässe. Übrigens wurden im Winter keineswegs alle Räume geheizt. Man wohnte dann in der großen Stube, und geschlafen wurde unter dicken Federbetten und auf Strohmatratzen – das war aber beinahe schon Wohlstand im 18. und frühen 19. Jahrhundert!
Bauernhäuser haben immer einen eigenen Raum für jede Generation – wir entsinnen uns der Alten-

teilerstube im niederdeutschen Hallenhaus. In großen Gehöften gibt es sogar einen Bauteil oder einen Hofflügel mit Wohn- und Schlafraum für den Altbauern. Gewirtschaftet und gegessen wurde jedoch fast stets gemeinsam mit allen Familienmitgliedern.

Im Gegensatz zum Wohnhaus, das im Laufe der Geschichte ja Veränderungen erfahren hat, behielt die Scheune fast immer ihre Gestalt. Sie kann eine Einfahrts- oder Durchfahrtsscheune sein, also mit einem oder mit zwei großen Toren, die sich gegenüber oder nebeneinander liegen. In ihr gibt es die Tenne, den Dreschraum, und die Banse für das ausgedroschene Getreide. Das Korn kommt zur Lagerung auf den Scheunenboden unter dem Dach. Alle dazu nötigen Arbeitsgänge mußten in der Vergangenheit von Hand ausgeführt werden: Nachdem die voll beladenen Erntewagen in der Tenne entladen waren, droschen Knechte und Tagelöhner bei offenen Scheunentoren mit hölzernen Dreschflegeln – die Zugluft sorgte für den Abtransport der leichten Strohteilchen. Die Ballen aus Strohhalmen und das Futterheu wurden mit langen Gabeln nach dem Boden gehoben, und das Korn mußte mehrfach umgeschaufelt werden, sollte es nicht stocken. Die Scheune war also der erste Teil, die erste Taktstraße der ländlichen Broterzeugung.

Ähnlich dem Wohnhaus wurden auch die Stallgebäude öfter erweitert oder veränderten Viehhaltungen angepaßt. Pferde- und Kuhställe bestanden im Mittel- und Süddeutschen fast stets aus steingewölbten Räumen, in denen sommers wie winters eine ausgeglichene Temperatur herrschte. Um bei großem Viehbestand das nötige Futter unterzubringen, waren die Ställe im Obergeschoß ausgebaut. Eine Galerie – der Futtergang – führte zu den Lagerräumen. Mitunter finden wir auch noch besondere Speichergebäude in alten Bauernhöfen, die der Lagerung von Feldfrüchten dienten. Sie konnten in ganz unterschiedlichen Formen als Turm- oder Blockspeicher, aus Stein oder Holz ausgeführt sein. Schließlich gibt es für das Federvieh und speziell für die Tauben eigene kleine Bauwerke. Solche Taubenhäuser haben sich leider nur sehr wenige erhalten, und doch waren es mitunter recht lustige »Architekturen«, die inmitten der Bauerngehöfte neben dem Misthaufen standen. Man konnte da vor einem kleinen Pavillon auf hoher Steinsäule stehen oder vor einem Türmchen mit runden Fluglöchern.

Ernsthafter wirkten einst die Torarchitekturen der Gehöfte. Bei vielen erkannte man, daß ihre Erbauer Vorbilder in den Schloßauffahrten gefunden hatten. Das Hoftor galt als durchaus repräsentatives »Aushängeschild« der Bauernwirtschaft. Man kann das noch an den mächtigen Steinpfeilern, bisweilen von Kugeln geschmückt, erahnen. Leider blieb kaum eines der schweren hölzernen Flügelblätter erhalten, so daß wir auf Erzählungen und Skizzen angewiesen sind. Einige schöne, vielfach auf das 18., mitunter aber auch auf das späte 17. und häufiger das frühe 19. Jahrhundert zurückgehende Giebelfassaden und Hoffronten der Wohnhäuser können wir in einer ganzen Reihe von Dörfern nach ihrer sorgsamen und denkmalspflegerischen Erneuerung wieder vorfinden.

Taubenhaus in Osterweddingen/Bez. Magdeburg

Die Gehöfte wohlhabender Großbauern erhielten im späten 18. und 19. Jahrhundert oft ein neues »Herrenhaus« in den damals bevorzugten Bauformen des Klassizismus. Ganze Güter und Domänen entstanden im Giebel- und Säulenschmuck neu. Ihre Grundgestalt hingegen blieb traditionell und zweckmäßig drei- und vierseitig, und das neue künstlerische Gewand wurde den für die Arbeitsabläufe bewährten Baugestalten lediglich als Fassade vorgeblendet. Die Wohngebäude großer Gehöfte konnten in der Zeit der junkerlichen Agrarreformen des frühen 19. Jahrhunderts zu regelrechten Schlössern ausgebaut werden, denn nun erhielt ein solches Gehöft auch Repräsentationswert.
Einen Haustyp sollten wir nicht unerwähnt lassen, kennzeichnet er doch den immer krasser hervortretenden Widerspruch zwischen großbäuerlichem Reichtum und der Armut der Tagelöhner und Büdner. In der Tat war ihr Katen oft nur eine stallähnliche Bude aus Lehm und Stroh, Holz und Findlingsbrocken. Selbst Fensterglas galt hier als Luxus, und so mußten die wenigen Luken genügen, etwas Licht in die niedrigen Räume zu bringen. Man schlief und aß in den kaum mannshohen Stuben – ansonsten waren das Feld und der herrschaftliche Stall der Lebensraum dieser Menschen. Stampflehm als Fußboden, Bretterverschläge als Schränke, Strohschütte als Bett, das war die Einrichtung der Katen. Sie wurden zum Begriff für die spätfeudale Ausbeutung auf dem Lande.
Wo heute Katen bewohnt werden, haben sie längst Dielen, brennt in ihnen elektrisches Licht, laufen

Fischerkaten, wie sie bis zum 19. Jh. standen

Fernsehapparate. Wo einst die wenigen Gartenfrüchte gelagert wurden, stehen heute Motorrad oder Auto, und vor dem Haus liegt ein blühender Vorgarten.

Die Industrie und das Dorf

Sprechen wir von Industrie und Dorf, so denken wir dabei unwillkürlich an die Entwicklung der Fabrikbauten in den Städten, an die industrielle Revolution des 19. Jahrhunderts. Für jene kapitalistischen Produktionsverhältnisse gibt es aber bereits frühe Vorboten in den Manufakturen des 18. Jahrhunderts. Während jener Epoche zeigten sich vor allem in Dörfern nahe größerer Handelsstädte erste Veränderungen an. Sie gingen mit der Ausbreitung der Handelsbeziehungen und der Auflösung der noch aus dem Mittelalter überkommenen strengen Zunftordnung in den Städten einher. Dabei handelte es sich um recht tiefgreifende gesellschaftliche Veränderungen: In den Städten konzentrierten verhältnismäßig wenige Patrizierfamilien Feld und damit Macht in ihren Händen. Für bestimmte Waren hatten sie auf einer ganzen Reihe von Märkten das Monopol, bestimmten also Angebot, Preise und damit auch die Produktion. Das bekannteste dieser frühkapitalistischen Familienunternehmen mit der wohl weitestreichenden Verbindung bis hin nach dem fernen Indien besaßen die Fugger in Augsburg. Von Silber- und anderen Erzbergbauunternehmen verfügten sie über den Handel mit Tuchen, Seide, Ge-

würzen bis zum Handel mit Geld. Fürsten und Kaiser und deren politische und Bauunternehmungen finanzierten sie. Selbst dem Papst konnten sie mit ihrem Geld »dienen«.
Ging also in den Städten patrizische Vormachtstellung allmählich in wirtschaftliche Unternehmen über, so erfolgte auf dem Lande eine Konzentration von Boden und Macht bei wenigen Grundbesitzern. Das »Bauernlegen« ist die andere Seite dieser Entwicklung. In England beschafften sich die Grundherren durch eben diese Vereinnahmung bäuerlichen Landes und bäuerlicher Wirtschaften die riesigen Weideflächen für ihre Schafherden. Diese wiederum lieferten die begehrte Wolle als Rohstoff für die von Kaufherren gegründeten und beherrschten Wollmanufakturen. Die frühkapitalistische Tuchindustrie Englands und ebenso die Feudalherrenpolitik der Landenteignung erlangten Vorbildwirkung für das kontinentale Europa. Dem Bauern blieb nun nur die Wahl, in Verhältnisse einer erneuten Leibeigenschaft zurückzukehren, oder er mußte den ihm entzogenen Boden und damit Haus und Hof verlassen und in die Städte gehen. So verlokkend der Ruf »Stadtluft macht frei« bereits zu jener Zeit erschienen sein mag, so wenig wirkliche Freiheit brachte dem Landmann die immer enger, immer voller von Menschen werdende Stadt. Für ihn, der weder Kaufmann noch Handwerker war, blieb dort nur die Lohnarbeit in einer Manufaktur. Er begab sich also aus der Zwangsarbeit für den Grundherrn in die Zwangsarbeit für den Manufakturherrn. Er verarbeitete schließlich die gleiche Wolle, die

sich die fürstlichen Schafe aus seinem früheren Land anfraßen für geringsten Lohn! Ein Kreislauf hatte begonnen, dem der einfache Bauer und Landmann durch Absolutismus und Kapitalismus hindurch nicht mehr zu entrinnen vermochte. Seine Aufstände und revolutionären Forderungen zerschlug der Feudaladel, zum Teil sogar mit Hilfe des städtischen Bürgertums. Um eine Vorstellung vom Ausmaß des Bauernlegens und der gleichzeitigen Ausprägung des Großagrarier- und Junkertums zu erhalten, blicken wir auf die Verhältnisse in den damaligen mecklenburgischen und pommerschen Herzogtümern. Hier führte ein systematisches Bauernlegen während des Feudalabsolutismus bis zum beginnenden 19. Jahrhundert zu den großen adligen Gutsherrschaften. Entsprechend verringerten sich die sogenannten freien Bauernhöfe. Hatte schon der Dreißigjährige Krieg zu einer Landentvölkerung geführt, so blieben am Beginn des vorigen Jahrhunderts nur noch ein Zehntel der Bauerngehöfte und Eigenwirtschaften bestehen im Verhältnis zur Zahl der Höfe am Ende des 17. Jahrhunderts. Damit erklärt sich auch die bauliche Gestalt vieler Dörfer dieser Landschaft, die aus einem Großgut – oder einem entsprechenden Landschloß – und den Katen der Tagelöhner bestand.

Im fruchtbaren, für die Landwirtschaft ergiebigen Tiefland mit nur wenigen großen Handelswegen und städtischen Zentren blieb es bis in unser Jahrhundert bei den feudalen Macht- und Lebensverhältnissen in den Dörfern. Anders im Süden unseres Landes. Seit dem Mittelalter baute man im Erzgebirge

– im sächsischen wie im böhmischen – und am Harz Erze und Salz ab. Vor allem aus dem Handel und den bodenständigen Traditionen der bäuerlichen Bevölkerung ergaben sich dabei frühindustrielle Veränderungen im Dorf. Charakteristisch ist für eine solche Entwicklung die Oberlausitz.
Schon im 17. Jahrhundert reichte dieses, seit dem frühen Mittelalter entlang wichtiger Handelswege dicht besiedelte Land einfach nicht mehr aus, um den Bedarf vieler bäuerlicher Wirtschaften an Akker- und Weidefläche zu decken. Im Gegensatz zur Entsiedelung einer Landschaft durch das Bauernlegen führte also hier die allmähliche Überbesiedelung zwischen den Städten – die noch dazu dicht beieinander liegen – zur bäuerlichen Armut. Bereits am Ausgang des 16., vor allem aber im 18. Jahrhundert entstand damit die recht breite Schicht von Häuslern, die ihren Lebensunterhalt vorwiegend aus der Gartenwirtschaft bestritten.
Für diese Kleinstbauern und die Tagelöhner reichte, vor allem über die langen Winterzeiten hinweg, das aus der Landwirtschaft Erworbene nicht aus. Ihre Armut machten sich städtische Leinen- und Tuchhändler zunutze: Immer schon hatte die Landbevölkerung die Wolle und die Stoffe für den häuslichen Bedarf selbst hergestellt. Sie wußten mit Spinnrad und Webstuhl hervorragend umzugehen. Besonders in den farbigen Stoffen und Geweben trugen die bäuerlichen Weber ererbte Formvorstellungen und Bildmuster seit Generationen weiter.
Auch heute kleiden sich die Bauern noch in solche selbstgefertigten Trachten – in der Slowakei, in Ru-

mänien, Bulgarien, bei uns im sorbischen Gebiet, aber auch in den Alpenländern, Südfrankreich oder Skandinavien. Freilich hat diese schöne Tradition inzwischen sonntäglichen Rang erlangt, und die Trachten werden fast nur noch zu Festtagen angelegt. Viele alte bäuerliche Webmuster und Stickereien aber dienen dem modernen Kunsthandwerk immer wieder als Vorlagen.

Im späten 17. und 18. Jahrhundert, vielfach auch noch danach war die eigene Herstellung von Bekleidungsstücken einfach eine Lebensnotwendigkeit. Man konnte außerdem die Stoffe an Händler verkaufen. Ebenso gab es aber auch findige Gutsherren, die ihre Knechte und Mägde und die Tagelöhner zunächst als Winter- und Nebenbeschäftigung weben und damit eine Handelsware herstellen ließen. In der zweiten Hälfte des 17. Jahrhunderts begannen feudale und vor allem kirchliche Landgroßbesitzer mit einer umfangreicheren dörflichen Manufakturarbeit. Dem Domstift Bautzen gehörten damals eine ganze Reihe von Dörfern in der Oberlausitz, dort standen mehr als 1200 Webstühle!

Die Tuch- und Leinenhändler in den Städten kauften nun immer häufiger diese ländlichen Webereiprodukte ein – billig, um sie vorteilhaft weiterhandeln zu können. Aus dieser »Geschäftsbeziehung« mit dem Dorf erwuchs für das städtische Großbürgertum im Verlauf des 17. und 18. Jahrhunderts ein beachtlicher Reichtum. Görlitz im 17. und Zittau im 18. Jahrhundert waren in der Oberlausitz Handelszentren mit weltweiten Beziehungen. Sie standen in ihrem Warenumschlag und ihrem Reichtum

solchen Städten wie Leipzig, Prag, Nürnberg und Frankfurt nicht nach.
Diese Entwicklung hatte auch Folgen für die Dörfer. Die Grundbesitzer, zum Teil wohnten diese mittlerweile schon in der Stadt, teilten die Dorffluren in eine Vielzahl von Siedlerstellen für Weber auf. Diese betrieben Landwirtschaft nur noch als Nebenbeschäftigung und für den Eigenbedarf. Sogar die Landstücke der Großgüter wurden auf diese Weise zerkleinert. Ihre Besitzer gaben sie zu hohen Preisen oder gegen ebenso hohen Zins an die Siedler ab. Damit brachten sie die Weber sogleich in die doppelte Abhängigkeit der Pacht- und Zinszahler sowie der Lohnarbeiter für die Händler und späteren Fabrikanten.
Wie rasch – gemessen am damaligen Stand der technisch-handwerklichen Entwicklung – dieser Wandel der Dörfer vor sich ging, offenbart ein Zahlenvergleich: 1650 arbeiteten für das Kloster Marienthal bei Zittau knapp einhundert Weber, gegen 1700 waren es viermal so viele, die an den Webstühlen saßen; und 1730 gab es in den 32 Dörfern, die der Stadt Zittau gehörten, beinahe 6500 Webstühle. In der Tat entstand also eine Art Industrie in den ländlichen Siedlungen.
In jedem kleinen Weberhaus stand ein Webstuhl – es waren ja keine Bauern mehr, die nun in den langgestreckten, durch die oben beschriebene Flurteilung geschaffenen Straßendörfern siedelten. Eine Vielzahl von Einzelhäusern füllt so das Land zwischen den Bauernhöfen der ursprünglichen Waldhufen- und Streusiedlungen auf.

Das industrialisierte Dorf – Großschönau und Varnsdorf/ČSSR

Das Umgebindehaus wurde in der Oberlausitz zur Haupt-Hausform. In ihm lebten genau wie auf dem Bauernhof ganze Familiengenerationen gemeinsam und verdienten mit Weben ihren Lebensunterhalt. Der größte Raum im Hause, die Bohlenstube im Umgebindeteil, wurde nun Wohn- und Arbeitsraum in einem. Hier stand der Webstuhl, im Laufe der Erwerbserweiterung konnten sogar mehrere Webstühle in den Raum kommen. Das Reiterhaus in Neusalza-Spremberg vermittelt uns mit seiner musealen Einrichtung eimen Einblick in das damalige Leben jener Weberdörfer und zeigt, wie spartanisch die Häuser bei aller äußeren Schönheit eingerichtet waren. Die hier beschriebene Entwicklung vollzog sich ähnlich auch in anderen früh industrialisierten, vor allem bergigen Landschaften. Während in der Oberlausitz die Weberei vorzuherrschen begann, bildete im Erzgebirge nach dem Niedergang des Bergbaues seit dem 18. Jahrhundert die Holzschnitzerei und die Klöppelei einen neuen dörflichen Erwerbszweig. Im Thüringer Wald wandten sich die Dorfbewohner der Glasbläserei und der Spielzeugherstellung zu.

Die »Verstädterung« des Dorfes

Die Lausitzer Weberei begann sich im ausgehenden 18. und frühen 19. Jahrhundert zu richtigen Manufakturen auszuweiten. Neue mechanische Webstühle wurden aus England importiert. Städtische Kaufherren, die Verleger, nehmen den Webern ihre Tuch-

und Leinenbahnen ab. Sie bestimmten den Preis für die Waren, die Arbeitsmenge und die Arbeitszeit. Mit dem geringen Lohn legten sie auch den Lebensstandard der Dorfbewohner fest! Und dieser blieb mehr als dürftig. Unter dem Zwang solcher Verhältnisse wuchsen diese Weber-, Holz-, Schnitzer-, Instrumentenmacher- oder Glasbläserdörfer mit dem 19. Jahrhundert zu großen, stadtartigen Siedlungen heran. In ihnen hatte der ursprünglich die dörfliche Landschaft prägende Bauernhof nur noch eine untergeordnete Bedeutung und war im vollen Sinne des Wortes an den Rand – des Dorfes – gerückt. Eine erste, durch das Aufkommen kapitalistischer Produktionsverhältnisse bestimmte Verflechtung und Verschmelzung von Dorf und Stadt begann.

Kommen wir heute in die Oberlausitz, so fallen uns diese sich kilometerlang streckenden Straßendörfer auf. Freilich rattern in den Umgebindehäusern und ihren Bohlenstuben längst keine Webstühle mehr.

Manchmal entdecken wir eine Häusergruppe aus größeren und zweigeschossigen Fachwerkbauten in diesen Orten. Zunächst könnte man denken, das sei ein Gehöft. Statt der Scheune aber steht hier ein fabrikhaftes Gebäude, und die Stallung zeigt sich als Lagerschuppen. Das waren Manufakturen. Die ländlichen Lohnarbeiter konnten auf ihren alten Webstühlen mit der neuen mechanischen Produktionsweise nicht mehr Schritt halten; es blieb ihnen keine andere Wahl, in eine der Manufakturen zur Arbeit zu gehen. Die ersten derartigen Fabriken in

Dörfern ähneln noch der traditionellen Gehöftform. Städtische Manufakturen hingegen schlossen sich in ihren Baugestalten enger der Architektur barocker Palais oder sogar schlichter Schloßbauten an.
Wo heute noch solche fabrikhaften Gebäudegruppen erhalten sind, haben sie mittlerweile einen großen historischen Wert, denn sie sind beinahe die einzigen gebauten Zeugnisse des Beginns der industriellen Revolution.
Von den Manufakturen ist der Schritt zur Fabrik in solchen Industriedörfern nur kurz gewesen. Was sich in der Oberlausitz um die Mitte des vorigen Jahrhunderts von der Weberei zur Tuch- und Leinenproduktion vollzog, das finden wir in anderen ursprünglich agrarischen Landschaften für andere Industrien: Denken wir nur an die Dörfer in der Umgebung von Karl-Marx-Stadt, von Aue, Zwickau oder Glauchau und ihre rasche Einbindung in die Industriestädte. In ihnen entstanden seit etwa 1840 immer häufiger zunächst kleine Fabriken, die sich innerhalb oft weniger Jahre zu großen Produktionsstätten ausweiteten. Thüringische Glasbläserorte wie Lauscha oder der vogtländische Musikinstrumentenbauerort Klingenthal erhielten nun ihren städtischen Charakter und an die Stelle von Bauernhäusern traten die Bauwerke und Schuppen der neuen Industrie.
Aber nicht nur diese Produktionsbauten entstanden in Folge der kapitalistischen Industrialisierung. Neben alten Dörfern wuchsen nun Arbeitersiedlungen rasch empor. Meist waren es eintönige Anlagen, Haus neben Haus, schmucklos und in simplen For-

men gebaut; im Mansfeldischen und nahe Eisleben stehen noch heute diese Bergarbeiter- und Industriearbeiter-Dörfer. Ebenso typisch für die zweite Hälfte des vorigen Jahrhunderts wurden in den industrialisierten Dörfern die Villenbauten der Unternehmer neben den Backstein- umd Putzbauten der Werkgebäude. Sie nehmen die Stellung ein, die in der Agrarsiedlung des 17. und 18. Jahrhunderts der Feudalsitz, das Herrenhaus oder das Landschloß innehatten, oft wie jene von einem Park umgeben. Wenn auch nicht unmittelbar vergleichbar, erlebte auch das »reine« Landarbeiterdorf eine agrarische Manufakturepoche. Das agrarhistorische Museum im mecklenburgischen Alt-Schwerin, Kreis Waren, berichtet darüber. In den Zeiten der Feldbestellung wurden hier auf der Flur des Großagrariers die Landarbeiter aus bisweilen weit entfernten Landschaften zusammengezogen, um in möglichst kurzer Zeit, aber langen Arbeitstagen eine riesige Feldarbeit zu verrichten. Eigens zu ihrer Unterbringung hatte man ein Gebäude errichtet, im Volksmund als »Schnitterkaserne« bezeichnet. Die dienstverpflichteten Landarbeiter mußten hier auf Holz- und Eisengestellen während der wenigen Ruhestunden liegen. Ihr Arbeitstag betrug 14 und mehr Stunden. Nach der Frühjahrsbestellung und nach der Ernte kehrten sie dann wieder in ihre Heimatgegend zurück. Das Museum birgt neben originalen Teilen der Ausstattung aus jener Zeit eine reiche Bilddokumentation zu den Arbeits- und Lebensverhältnissen in den mecklenburgischen Dörfern des 19. Jahrhunderts.

Vom Wandel des Dorfbildes

Eine weitere Entwicklung spiegelt sich in den Veränderungen der Siedlungsformen von Dörfern. In vielen von ihnen bauten ja nicht nur Unternehmer auf dem hier weit billigeren Land – gemessen an den Bodenpreisen in den Städten. In der Umgebung von Fabrikstädten versuchten immer mehr Arbeiter, den unwirtlichen und tristen Mietskasernen oder Arbeiterwohnstraßen zu entfliehen. »Landluft macht frei« lautete nun die Umkehrung des bäuerlichen Wortes aus der feudalen und frühbürgerlich-städtischen Zeit. Jetzt war es das Schlagwort der industriellen Lohnarbeiter geworden. Unmittelbar an alte Dorfkerne anschließend bauten sie sich eigene kleine Häuser, oder sie schlossen sich ähnlich wie in den Städten zu Siedlungsgemeinschaften zusammen, um auf diese Weise zu besseren Wohnbedingungen zu gelangen. Im Grunde haben solche Wohnhäuser- und Reihensiedlungen mit dem Dorf selbst kaum gemeinsame Beziehungen, und weder die Bewohnerschaft noch deren Arbeit ist bäuerlich.

Mit dem Beginn des 20. Jahrhunderts lösten sich so auch viele kleinbäuerliche Wirtschaften auf, das heißt, ihre Besitzer verkauften Grund und Boden und schlossen sich den Fabrik-Lohnarbeitern an. Immer weniger Gehöfte teilten sich in die landwirtschaftliche Flur, und eine ganze Reihe von ihnen erweiterte sich zu Großwirtschaften. Dazu siedelten sich kleine Handwerkerunternehmen in vielen Dörfern industriell durchsetzter Landschaften an. Einmal besorgten sie die allmählich notwendig werdenden Instandhaltungen der neuen mechanischen Landwirtschaftsgeräte. Öfter noch arbeiteten sie für größere industrielle Unternehmen oder fertigten eigene Produkte für einen kleineren Markt. Orte um Karl-Marx-Stadt, Plauen, Leipzig, Dresden, Gera, Halle-Merseburg sind dafür typische Beispiele.

Natürlich blieben trotzdem im späten 19. und frühen 20. Jahrhundert auch die sogenannten Bauerndörfer bestehen. Ihre Bewohner gingen wie eh und je der Landwirtschaft nach. Mechanisierung und auch die Modernisierung mancher Bauten änderten hier die noch spätfeudalistischen und kapitalistischen Lebens- und Arbeitsverhältnisse kaum. Die dörfliche Gesellschaftsstruktur wies neben dem Grundbesitzer die Tagelöhner auf. Die kleinen und mittleren Bauernwirtschaften arbeiteten nach althergebrachtem Gefüge mit Bauern, Knechten, Mägden und Landarbeitern.

Die entscheidende Änderung der Klassenverhältnisse im Dorf brachte in unserem Lande das Jahr 1945. Nach der Befreiung vom Faschismus führte die Arbeiterklasse im Bündnis mit den Landarbeitern und Kleinbauern die demokratische Bodenreform durch. Das Land der Großgrundbesitzer – Wirtschaften also, die über 100 Hektar Fläche umfaßten – wurde entschädigungslos enteignet und an mehr als 550000 Landarbeiter, Kleinbauern, ebenso auch an Arbeiter, die aus der Industrie kamen, verteilt. 3,3 Millionen Hektar Land – das waren 31 % der Gesamtfläche der DDR. Diese volksdemokratische Revolution auf dem Lande war zwar nicht die erste Bodenreform, unterscheidet sich aber von allen vorausgegangenen, welche lediglich die Ausbeutungsverhältnisse änderten. Die Landarmut der Bauern wurde erstmalig aufgehoben und eine gerechte Aufteilung von Grund und Boden vorgenommen. Was brachte das dem Dorf als Gemeinwesen? Wie zeigte sich diese Entwicklung im Erscheinungsbild des Dorfes?

Zunächst veränderte die Landschaft der bisher großagrarischen Gebiete ihr Gesicht. Die Flur wurde neu aufgeteilt in einzelne, geordnet gegliederte Landstücke für die Bauern. Vielfach entstanden unmittelbar neben den Dörfern, bisweilen auch inmitten der Flur die sogenannten Neubauernsiedlungen. Dafür war ein eigener Haustyp entwickelt worden, in dem Wohn-, Stall- und Scheunenteil unter einem Dach vereint wurde – also recht eng angelehnt an den traditionellen Typ der Einheitshäuser. Großräumig angelegt, bildeten diese Siedlungen neue eigene Grundformen, die entfernt an die regelmäßigen Straßendörfer erinnerten. Vielfach reihten sich auch die Neubauernhäuser an einem Zufahrtsweg nebeneinander. In der Regel waren es aber nur wenige Höfe, die eine Siedlung bildeten. Rund 100000 solcher neuen bäuerlichen Wirtschaften entstanden bei uns zwischen 1946 und 1953.

Ebenso große Veränderungen erfuhren mit der Bodenreform die ländlichen Feudalsitze. Vielerorts mußten sie nach dem Krieg das kaum anderweitig beschaffbare Baumaterial für die Neubauernhäuser liefern und wurden zumindest zu einem Teil abgebrochen. In nicht wenigen Dörfern aber nahmen sie

Neubauerngehöft nach der demokratischen Bodenreform 1946

nun auch das auf, was den Bauern und Landarbeitern im Dorf bisher vorenthalten worden war. Schlösser und Herrenhäuser wurden Schulen, dienten als soziale Einrichtungen wie Kindergärten oder Landambulatorien, und mancher Adelssitz ist bereits in den ausgehenden vierziger Jahren für kulturelle Zwecke neu erschlossen worden. Nicht nur das soziale Gefüge, auch das kulturelle Leben im Dorf änderte sich in nur wenigen Jahren grundlegend.

Eine zweite Etappe der Wandlung der Produktionsverhältnisse auf dem Lande leitete die Mechanisierung der Landwirtschaft ein. Maschinen gab es schon seit der kapitalistischen Industrialisierung: Kartoffelroder, Dreschmaschinen, Mäher und den blubbernden Bulldog – so nannte man die ersten Trecker. Doch nur die reichen Großbauern vermochten sich diese teuren Geräte zu kaufen; der kleine Bauer blieb wie eh und je auf Hacke, Sense, Pflug und auf seine Zugtiere Ochse und Pferd angewiesen. Wenige Jahre nach der Bodenreform schufen sich die Bauern mit großer staatlicher Unterstützung Stationen, zu deren Bestand die wichtigsten landwirtschaftlichen Maschinen gehörten. Diese konnten sich die Bauern ausleihen. MAS – Maschinenausleihstationen – hießen diese ersten kollektiven Einrichtungen unserer Landwirtschaft, ihnen folgen bald die MTS – Maschinen- und Traktoren-Stationen –, die bereits große Teile der Feld- und Erntearbeit bestritten. Beide Einrichtungen brachten dem Dorf eine recht umfangreiche bauliche Veränderung, denn nun entstanden – meist etwas

außerhalb der Siedlung – große Schuppen und Reparaturhallen für die Geräteunterbringung und Wartung. Bisweilen sind auch ehemalige Großgehöfte für diesen neuen Zweck ausgebaut worden.
Dabei war dies alles nur ein Beginn für den gesellschaftlichen Wandel in unseren Dörfern. Die Bauern erkannten nämlich, daß es im Grunde unzweckmäßig blieb, die vielen einzelnen Flurstücke unterschiedlich und jedes für sich zu bestellen. So begannen sie, ihre Felder gemeinsam zu bewirtschaften und zusammenzulegen. Den ersten kollektiven Einrichtungen der Maschinenstationen folgten also landwirtschaftliche Kollektivwirtschaften, in denen sich zunächst viele Neubauern, dann aber bald der größte Teil aller bäuerlichen Wirtschaften zusammenschlossen. Moderne Großgeräte wie die neu entwickelten Mähdrescher oder Kartoffel-Vollerntemaschinen ließen sich auf den großen Äckern nutzbringend einsetzen. Man begann Zeit und Arbeitskraft zu sparen, und der Bauer konnte zum ersten Mal seit der Existenz seines Berufes eine Verkürzung des Arbeitstages vermerken.
Diese sozialistische Wirtschaftsform übertrug man auch auf die Viehhaltung, und so entstanden aus vielen bäuerlichen Einzelwirtschaften im Jahrzehnt zwischen 1951 und 1961 mehr als 20000 landwirtschaftliche Produktionsgenossenschaften in unseren Dörfern. Sie bewirtschafteten 1961 bereits rund 85 % der gesamten landwirtschaftlichen Nutzfläche in der DDR.
Mit dieser erneuten Veränderung und der Entwicklung der kollektiven landwirtschaftlichen Produk-

tion wandelte sich auch die Gestalt vieler Dörfer. Die Kollektivwirtschaften benötigten neue und größere Gebäude für die Viehwirtschaft und die Lagerung und Aufbereitung der Feldfrüchte und des Getreides. Nur wenige ältere große Güter verfügten über Stallungen für einige Dutzend Rinder. Jetzt waren aber in vielen Orten sogar einige hundert unterzubringen. Solche Stall- und Speicherbauten mußten rasch und zweckmäßig errichtet werden – nicht immer fügen sie sich also besonders harmonisch den alten Dorfbildern ein.
In den schweren Jahren nach dem zweiten Weltkrieg aber standen zunächst die elementaren Forderungen nach Nahrungsgütern im Vordergrund. Dann wollten die Menschen in besseren, erneuerten, modernen Häusern leben, die über Toiletten und fließendes Wasser verfügen. In wie vielen Dörfern waren doch die Wohnverhältnisse gleichsam im vorigen Jahrhundert stehengeblieben. Noch 1945 gab es Dörfer ohne elektrischen Stromanschluß auch in unserem Land! So kamen zu den landwirtschaftlichen Zweckbauten neue Wohngebäude hinzu. Sie entsprechen den Forderungen unserer Gesellschaft nach gleich guten Lebensverhältnissen in der Stadt wie im Dorf. Innerhalb weniger Jahre begannen auf diese Weise viele Dörfer – vor allem die mit neuen landwirtschaftlichen Produktionsformen und -zentren – nach oben zu wachsen: Zwei-, drei- und viergeschossige Wohnhäuser überragen die Dachfirste der alten Höfe. Die Katen verschwanden dafür. Erste Landwarenhäuser entstanden während der sechziger Jahre. Zum Leben genügten aber

nicht nur die Maschine auf dem Feld und die Spültoilette im Haus. Neben den großen Maschinenstationen erbaute man gleichfalls in den zentralen Dörfern, aber auch in landwirtschaftlichen Zentren, die weit von Städten entfernt liegen, neue Kulturhäuser. Sie sollten nicht den Dorfkrug ersetzen, sondern eine neue, bisher allein der Stadt vorbehaltene Welt dem Dorf erschließen. Theateraufführungen, Konzerte, Film- und Festveranstaltungen wurden in diesen großen Räumen möglich.

Lebendige Geschichte

Das letzte Jahrzehnt brachte dem Dorf einen weiteren Wandel. Die Spezialisierung und weiträumige Zusammenschlüsse landwirtschaftlicher Produktionsbetriebe veränderten die Produktionsformen weiter und intensivierten sie. Das bedeutet zum Beispiel für die Viehhaltung, daß besondere und auf die jeweilige Tiergattung und deren Aufzucht und Versorgung abgestimmte Gebäude geschaffen werden müssen. Industrielle Mast von Federvieh ist ja nicht mehr im traditionellen hölzernen Hühner- und Entenstall möglich! Ebenso hat sich die Lagertechnik auf Grund neuer wissenschaftlicher Forschungen und Erkenntnisse gewaltig verändert. Mächtige Speicher- und Silobauten aus Beton entstanden. Ganze Türmegruppen aus vorgefertigten Bauelementen und Leichtmetall sind neben vielen Dörfern aus dem Boden gewachsen. Großspeicher überragen wie Betonhochhäuser weithin sichtbar Feld und

Industrielle Mastanlage der landwirtschaftlichen Großproduktion

Wald, ja selbst die Silhouetten alter Ackerbürgerstädte.
Wird das Dorf unter unseren sozialistischen Produktionsverhältnissen mit seiner hochentwickelten und technisierten Landwirtschaft, mit den sich ständig erweiternden industriellen Produktionsformen also immer mehr einem Industriekomplex ähnlich? In einer ganzen Anzahl von Dörfern finden wir ja bereits Betriebe, die landwirtschaftliche Produkte weiterverarbeiten, Konserven herstellen oder Saatgut aufbereiten.
Droht das Dorf gar zu verschwinden?
Das Dorf wird auch weiter bleiben, was es von Anfang an gewesen ist, eine Gemeinschaft von Menschen, die auf bestimmte Weise Werte und Lebensgrundlagen für die gesamte Gesellschaft schaffen. Dennoch kann das Dorf nicht so fortbestehen, wie es in den feudalen und kapitalistischen Geschichtsepochen ausgesehen hat und wie es in Teilen zumindest in unsere Tage überliefert wurde.
Die Menschen, die im Dorf leben und arbeiten, haben sich genau wie die Arbeitsverhältnisse gewandelt, und den Bauern im althergebrachten Sinne wird es bald nicht mehr geben. Mit der Industrialisierung der Landwirtschaft, mit neuen wissenschaftlichen und technischen Produktionsformen sind ganz neue Berufsbilder innerhalb der landwirtschaftlichen Arbeit entstanden. Noch vor zwei, drei Jahrzehnten zog der Landmann im Frühjahr und Herbst vor Sonnenaufgang mit Pferd und Wagen, Ochsen und Pflug, mit Weib und Kind auf den Acker. Mit dem Sonnenabstieg kehrte er heim, um nun das

Vieh zu versorgen, zu melken oder um zu dreschen. Heute sind bei uns die »Bauern« längst spezialisiert, sie sind Facharbeiter wie ihre Kollegen in der Industrie, Agrotechniker, Viehzüchter, Maschinisten, Landmaschinenschlosser, Instandhaltungsmechaniker. Die Landwirtschaft verbindet auch spezielle Forschung mit Maschinen- und Bautechnik. So finden wir in einer Reihe von Dörfern landwirtschaftliche Versuchs- und Forschungseinrichtungen mit ganz eigenwilligen Bauwerken. Unter Plastzelten, riesigen Schläuchen nicht unähnlich, gedeihen bisher in unseren Gegenden kaum ziehbare Pflanzen und Früchte. Metallhäuser bieten durch ihre reflektierenden Flächen Schutz vor Überhitzung durch Sonnenstrahlen; Heizwerke und Kraftanlagen versorgen diese landwirtschaftlichen Einrichtungen in der kalten Jahreszeit. Und dann gibt es Dörfer mit eigenem Flugplatz! Aus der Luft werden mit Hilfe von Agrarflugzeugen rasch und weit Dünger und Schädlingsbekämpfungsmittel gestreut. Wie viele tagelange Arbeitsgänge kann so ein Flugzeug in wenigen Minuten erledigen!

Wird also das Dorf eine Stadt?

Die Menschen haben heute im Dorf Fernsehen und Auto, Bad und Kühlschrank, Kino und Konzert, sie gehen zu Disko und Tanz genau wie die Menschen in der Stadt, spielen Fußball und turnen, finden in Ambulatorien Hilfe – und doch wird das Dorf keine Stadt. Feld und Vieh, die »Ur-Produktionsinstrumente« der Dorfbewohner leben vom Land und müssen auf dem Land bleiben, Landwirtschaft ist in Stadträumen nicht oder nur ganz begrenzt möglich.

Wenn das Dorf bei alldem seinen traditionellen Charakter bewahrt, wenn es ein Stück Erlebniswelt moderner landwirtschaftlicher Arbeit und zugleich ein Abbild geschichtlicher Entwicklung bleibt, hat das seinen Ursprung in den Köpfen seiner Bewohner selbst. Vielerorts erkennt man heute, daß ein Dof nicht nur eine Zusammenstellung unterschiedlich gestalteter und verschieden alter Bauten für Wohn- und Produktionszwecke ist, von denen man abbrechen kann, was alt ist, und zu denen man hinzufügen kann, was als nötig erachtet wird. Auch in alten Häusern kann man modern wohnen. Gewiß müssen wir auf wertlos Gewordenes, auf nicht mehr instandsetzbare Bauten verzichten. Dennoch muß nicht alles abgerissen werden, weil vieles vom Alten unsere eigene Geschichte widerspiegelt. Gehen wir mit offenen Augen durch unsere alten Dörfer, so werden wir in Fachwerkbauten, in alten Höfen, auf dem Dorfanger erkennen, wieviel Schöpferkraft und Kunstsinn in jener Klasse erwachsen ist, die hier lange Jahrhunderte die unterdrückte war. In ganz einfachen Baugestalten und Bauformen einer Stallgalerie oder eines alten Hoftores aus derben Materialien kann sich Zweckmäßiges mit Schönem verbinden. Im Haus- und Hofgerät, in den Trachten – bei uns beinahe nur noch als museale Ausstellungsstücke zu bewundern – blieb ein Stück volkskünstlerischer und handwerklicher Tradition erhalten. Die Zeugen historischer Technik wie Windmühlen, Wassermühlen, Pferdegöpel oder Schmiedewerkstätten sind in den letzten Jahren in den Rang von Denkmalen gerückt. Von vielen jungen Menschen

werden sie nicht weniger bestaunt als die alten Dampfmaschinen. Neben Baudenkmalen, Gerät und Hausrat aus der Feudalzeit sollten wir nicht die wenigen noch vorhandenen Denkmale der Mechanisierung in der Landwirtschaft aus dem 19. und frühen 20. Jahrhundert vergessen. In Mecklenburg zum Beispiel blieben zwei kleine Elektrizitätswerke erhalten – in Zülow, Kreis Sternberg, und in Hechtfortschleuse, Kreis Ludwigslust. Sie waren in den zwanziger Jahren erbaut worden und lieferten Strom für je eine Großgrundbesitzer-Wirtschaft. Ganz selbstverständlich und wenig sensationell erscheint uns jetzt eine derartige technische Einrichtung, und dennoch sind solche kleinen Kraftwerke inzwischen Geschichte. Sowjetische und deutsche Techniker errichteten im Agrargebiet und Küstenland das erste große Kernkraftwerk. Es liefert heute Energie für Städte und Dörfer. Damit sind auch die wenigen noch betriebenen Windräder in der norddeutschen Landschaft eigentlich schon Denkmale geworden. Mit ihrer Hilfe förderte man unter Ausnutzung der natürlichen Windkraft das Grundwasser zur Feuchthaltung der Äcker.
Historische Dorfkerne, typische Dorfbilder mit charakteristischer, landschaftlich unterschiedlich ausgeprägter Bebauung bieten sich an, einen Blick zurück in die Geschichte des Dorfes zu richten. Das Problem ist nur, daß in den urwüchsigen Häusern heute niemand mehr wohnen und produzieren kann. Wer soll noch ohne Elektrizität bei Kienspan und Ölfunzel leben, wer möchte auf bloßem gestampftem Lehm laufen, wem genügen die oft weniger als zwei

Meter hohen Räume, die rohen Holzstühle und Bänke? Im Urlaub mag das mit dem Verzicht auf die Bequemlichkeit angehen; aber wenn es Winter wird und Schnee und schneidender Wind durch die klappernde Haustür und die einfachen Fenster pfeifen? Wenn der eiserne Ofen nur wenige Meter im Umkreis erwärmt oder nur ein Raum einen dicken runden Kachelofen hat?

In der Tat, das alte Dorf und seine alten Häuser sind etwas eng, zuwenig hell oder zu niedrig für unsere Ansprüche geworden. Oder sind etwa unsere Ansprüche doch zu groß? Bieten nicht gerade die alten Gebäude das, was wir so oft suchen, das Erlebnis? Hier liegt der Schlüssel für die Bewahrung charakteristischer Dorfbauten und Dorfkerne.

Schon 1891 hatten skandinavische Geographen und Historiker mehrere historische Bauernhäuser schwedischer Landschaften, die nicht mehr bewohnt, aber von typischen Baugestalten waren, sorgfältig abbauen und gemeinsam an einem neuen Standort aufstellen lassen. Im Laufe der Jahre entwickelte sich an diesem Platz mit dem Namen Skansen ein Freilichtmuseum, das heute aus mehr als einhundert einzelnen Dorfbauten besteht. In einigen von ihnen stellt man mit Hilfe alter Geräte Gegenstände her, die der dörflichen Tradition und dem bäuerlichen Handwerk entstammen. Dieses Beispiel einer Bewahrung wertvoller dörflicher Architektur und der Wiederherstellung eines dörflichen Ensembles machte bald in vielen europäischen Ländern Schule. Auch in unserem Lande entstanden einige solche Freilicht- oder Bauernmuseen. Freilich können sie

Dörfliches Freilichtmuseum in Szentendre/Ungarische VR

sich an Umfang kaum mit Skansen messen, auch sind sie in ihrer Anlage recht unterschiedlich. In Rudolstadt baute man in den dreißiger Jahren zwei thüringische Bauernhäuser neu auf, nachdem sie an ihrem ursprünglichen Standort Neubauten weichen mußten. Auch im altmärkischen Diesdorf konnte ein schöner, baukünstlerisch wertvoller niederdeutscher Bauernhof als Museum eingerichtet und damit erhalten werden. Blieben hier nur Einzelgebäude in alter Gestalt bestehen, so wächst seit den fünziger Jahren im Spreewalddorf Lehde bei Lübbenau ein historischer Dorfkern gleichsam neu: Aus mehreren Orten werden hier typische historische Dorfbauten zusammengetragen und in ihren originalen Einzelteilen nach der vorherigen Demontage als Schauobjekte wiederaufgebaut. Wohnhaus, Stallungen, Speicher der für die Spreewaldlandschaft und Lausitz charakteristischen Blockbauweise bilden bereits eine interessante eigene Kleinsiedlung im alten Lehde. Ihre systematische Erweiterung durch Umsetzen weiterer Häuser ist für die nächsten Jahre geplant.

Eine Reihe bau- und dorfgeschichtlich interessanter Bauernhäuser wurde in den letzten Jahren durch denkmalpflegerische Restaurierung vor dem Verfall bewahrt, ja eine neue, nicht nur ausschließlich museale Nutzung ließ sie zu kleinen kulturellen Zentren in alten Dörfern und neuen Siedlungen werden. In Schwerin-Muess bietet so ein Gehöft aus dem 18. Jahrhundert mit einem schönen Hallenhaus vielen Besuchern die Möglichkeit, sich mit dem früheren Leben im Dorf vertraut zu machen. Es finden auch Theateraufführungen in dem schön hergerichteten Hof statt. In Göhren auf Rügen wird ein Museumshof nicht nur während der Urlaubs- und Sommermonate von vielen Tausenden Besuchern bewundert; und in Landwüst im Vogtland entstand durch tätige Hilfe und Initiative der Bauern selbst ein sehenswertes Museum in einem der schönsten erhalten gebliebenen, nach den historischen landschaftlichen Bauformen egerländisch genannten Fachwerkhaus. Die Sammlung reichen, handwerklich-künstlerischen Gerätes in den Wohn- und Wirtschaftsräumen ist eine kleine Schatzkammer zur Volkskunde und demonstriert uns ein Stück einstigen dörflichen Lebens, wie das oben bereits genannte agrarhistorische Museum von Alt-Schwerin die historischen gesellschaftlichen Verhältnisse und die Ausbeutung der Bauern und Landarbeiter unter spätfeudalen Verhältnissen darstellt.

Erleben und lernen wir in allen diesen Denkmalen ein Stück Dorf- und Gesellschaftsgeschichte, so bieten in einer Reihe alter Dörfer – vorwiegend in unseren Erholungslandschaften – historische Häuser echte Ferienerlebnisse. Seit geraumer Zeit haben wir nämlich ihren Wert als Urlaubsquartiere entdeckt. Geht dabei auch durch die Neueinrichtung manches Historische an und in ihnen verloren, so bewahren sie dennoch ein Stück jener Atmosphäre der vertrauten Nachbarschaft und engen räumlichen Beziehung des alten Dorfes. Das kleine Fischerdorf Vitt auf Rügen, die Dorfkerne von Obercunnersdorf in der Oberlausitz, von Linden und Eicha in der Rhön, aber auch von Marxwalde im Kreise Seelow vermitteln uns so dörfliche Geschichte in der Gegenwart. Im staatlichen Hengstdepot Redefin, Kreis Ludwigslust, bildet die baukünstlerisch geordnete und gestaltete Architektur der Stallungen, der Reihenhäuser und der Reithalle aus dem zweiten Jahrzehnt des vorigen Jahrhunderts den schönen Rahmen für die moderne Zuchteinrichtung. Dedelow bei Prenzlau hingegen – um nur zwei Orte für viele zu nennen – änderte sein Gesicht vollkommen und zu so neuer Gestalt, daß die alte Katensiedlung zu einem Musterbeispiel für die Vorstellung vom neuen Dorf geworden ist. Zwei Möglichkeiten für Bewahrung und Wandel des historischen Dorfes, es gibt noch viele andere. Wir werden sie nutzen, denn wir wollen unsere Dörfer verändern, das historisch Wertvolle in ihnen, das Schöne aus vergangenen Epochen aber sollten wir stets bewahren. Denn ohne seine gebaute Geschichte wäre unser Dorf um vieles ärmer.

Neue Dorfbebauung – Dedelow/Bez. Neubrandenburg

agrarisch
landwirtschaftlich (abgeleitet vom lateinischen ager – Acker und agrarius – die Länder und Felder betreffend).
Barock
Kultur und Kunststil der feudalabsolutistischen Epoche zwischen etwa 1600 und 1760, gekennzeichnet durch eine große Formenfülle und reiche plastische Dekoration von Bauwerken. Der Schloßbau und nach der Gegenreformation der Kirchenbau erlebten eine große Blüte, in Städten entstanden Palais, in Dörfern vielfach neue große Herrenhäuser in feudalherrlichen Gutshöfen.
Bauernlegen
man versteht darunter die zwangsweise Vertreibung beziehungsweise Enthebung der Bauern von ihrem Grund und Boden – zunächst im 15./16. Jh. in England von den Großgrundherren praktiziert, die auf diese Weise Weideland für ihre großen Schafherden erlangten. Vom 16. bis zum 18. Jh. bauten fast überall in Europa die Feudalherren auf diese Weise ihren Grundbesitz aus, und die Bauern wurden zu Leibeigenen. Sie mußten ohne Besitz und Recht für die Feudalen arbeiten. Unter kapitalistischen Gesellschaftsverhältnissen bildet der Ankauf von Bauernland durch Großgrundherren oder Industrieunternehmen eine dem mittelalterlichen Bauernlegen ähnliche Form der Entrechtung von Bauern.
Domäne
land- und forstwirtschaftlicher Großbesitz zunächst

von Feudalen wie Fürsten- oder Königshäusern; mit der Entwicklung des Kapitalismus auch Besitz von Unternehmern und des Staates.

Dreifelderwirtschaft

mit dem Feudalismus kam es zur Ausprägung des Wintergetreide-Anbaues. Die Bauern bevorzugten nun eine dreigeteilte Anbaufolge: Wintergetreide, Sommergetreide und Brache – in ihr findet die natürliche Erneuerung der Bodenfruchtbarkeit statt. Entsprechend wurde die Getreideflur in drei Felder oder Schläge aufgegliedert. Durch den feudalen Flurzwang wurden dann die Bauern gehalten, auf den jeweiligen Feldern im vorgegebenen Rhythmus Getreide anzubauen. Später – vielfach erst im 19. Jh. – löste der Hackfruchtanbau die Brachephase innerhalb der Anbaufolge ab und führte zu der seither gebräuchlichen Fruchtfolge.

Dreißigjähriger Krieg

Kampf der europäischen Fürsten, insbesondere der österreichischen und spanischen Habsburger und des französischen Feudaladels um die politische Vormachtstellung in Europa. Der Krieg begann 1648 mit dem westfälischen Frieden und einer Neuaufteilung der feudalen Machtverhältnisse. Danach waren die deutschen Gebiete in rund 300 Fürstentümer zersplittert und große Landstriche völlig verwüstet, mehr als 18000 Dörfer und 1600 Städte vernichtet.

Fronhof

die Fron war die einem Feudalherrn zu erbringende Leistung der Leibeigenen in Form von Arbeit, der Fronherr ist also der Feudalherr. Der Fronhof ist sein Landgut, zu dem weitere, von Bauern bewirtschaftete Höfe gehörten, an den Fronhof durch die Abgabepflicht gebunden. Im Auftrage des Fronherrn überwachten Meier die bäuerliche Abgabe- und Dienstleistung. Man findet heute hin und wieder noch die alte Bezeichnung Meierei für einen solchen Hof.

Gotik/Spätgotik

mittelalterlicher Kunststil, dessen Frühphase die Feudalzeit begleitet, dessen Spätphase vor allem in den Städten mit der frühbürgerlichen Entwicklung einhergeht, im Deutschen die Zeit von etwa 1250 bis 1500 umfassend. Kennzeichnend sind für die Frühphase langgestreckte und plastisch gegliederte elegante Kunst- und Bauformen, hoch aufragende Turmbauten und Kirchenräume, deren Wände durch reich verzierte Fenster und davorgelegte sogenannte Strebearchitektur – die als Stützgerüst der oft hohen Bauten dient – nahezu aufgelöst werden. Ein Beispiel dafür ist der Halberstädter Dom. Für die Spätgotik ist die Herausbildung der reichen Giebelarchitektur an Bürgerbauten sowie die Ausprägung weiter und großer Kirchenräume charakteristisch. Die Kunstformen werden ausgesprochen zart und feingliedrig und sind bisweilen den Naturformen nachgebildet. Ein Beispiel für den Kirchenbau ist die Marktkirche in Halle, gotische Bürgerhäuser und Rathäuser finden wir in Stralsund oder Tangermünde.

Hussiten/Hussitenkriege

Die Hussiten trugen die revolutionäre Bewegung in Böhmen seit 1419. Ihr Name leitet sich ab von dem des tschechischen Reformators Jan Hus (1370–1415), der – seit 1409 Rektor der Prager Karls-Universität – gegen die Machtpolitik der Kirche ankämpfte und schließlich als Ketzer verbrannt wurde. Das vor allem leitete die großen Volksaufstände in Böhmen und seit 1427 die Kriegszüge der Hussiten in die deutschen, polnischen und österreichischen Lande ein, deren Feudalität gemeinsam mit der Kirche das religiöse und soziale Reformprogramm der Hussiten und ihre Heere bekämpfte. 1437 gelang ihnen die Niederschlagung der hussitischen Bewegung. Ihre Ideen aber wirkten weiter und trugen auch in den revolutionären Bauernerhebungen des 16. Jh. Früchte.

Klassizismus

wird der Kunststil genannt, der seit der Mitte des 19. Jh. als Gegenbewegung zum aufwendigen Barock und Rokoko entstand. Er erstrebte einfache, aber edle, an den antiken Kunst- und Bauwerken geschulte Formen. Ein Beispiel ist das Alte Museum in Berlin.

Kolonisation oder Kolonisierung

Besiedelung eines Landes, ursprünglich auch dessen landwirtschaftliche Urbarmachung. Im Altertum und Mittelalter bezeichnete Kolonisierung zugleich die mit der Landnahme einhergehende Eingliederung oder Unterordnung der ansässigen Bevölkerung durch die Kolonisten oder Landeroberer. In unserem Gebiet übertrugen im frühen Mittelalter die christlichen Kolonisten ihre Religion auf die slawischen Stämme, deren Gebiet sie somit in Besitz nahmen und christianisierten.

Lebensstandard

Lebensbedingung einzelner Klassen, ganzer Völker und auch einzelner Personen sowie der Grad der Befriedigung ihrer materiellen und geistigen Bedürfnisse. Höhe und Entwicklung des Lebensstandards sind abhängig von den Produktionsverhältnissen und dem Besitz oder Nichtbesitz der jeweiligen Klasse an Produktionsmitteln, den Verdienstmöglichkeiten des einzelnen und dem Warenangebot.

Manufaktur

die vorbereitende Stufe zur maschinellen Produktion. Manufakturen waren Produktionsstätten, in denen Lohnarbeiter in handwerklicher Technik (manuell – vom lateinischen manus – Hand) und in einer bestimmten Arbeitsteilung Waren herstellten. Seit der Mitte des 16. Jh. gibt es Manufakturen, und sie wurden kennzeichnend für die allmähliche Herausbildung kapitalistischer Produktionsverhältnisse. Der Begriff der Manufaktur hat sich – auch wegen der traditionellen Herstellungsweise – zum Beispiel in der Porzellanfabrikation erhalten.

Monopol

im Handelspolitischen soviel wie Alleinverkaufsrecht oder Vorzugsstellung auf dem Markt bedeutend.

Patrizier/Patriziat

Im antiken Rom war der patricius der Angehörige des Geschlechtsadels, das Patriziat bildete die Klasse der bevorrechteten Grundbesitzer und Sklavenhalter. Im Mittelalter bezeichnete man die Schicht der wohlhabenden Stadtbürger als Patrizier, sie waren im Besitz der entscheidenen Rechte und besetzten zunächst die städtischen Ämter. Später machten dem Patriziat die Handwerkerzünfte die innerstädtische Machtstellung streitig und erlangten eine Machtbeteiligung.

Pfalz

Verwaltungs- und Aufenthaltsplatz der noch nicht an einem festen Ort ansässigen Kaiser und Könige im frühen Mittelalter. Pfalzen waren in der Epoche vor der Herausbildung der Städte über das jeweilige Reichsgebiet verstreut angelegt, und die Herrscher residierten zeitlich unterschiedlich und den Erfordernissen entsprechend in ihnen. Im Unterschied zur Burg bildete die Pfalz oft eine weiträumige Anlage, in der große Fürstenversammlungen und Heerlager abgehalten werden konnten. Seit dem 12. Jh. entstanden unmittelbar neben einer Reihe von Pfalzen in unserem Gebiet die ersten städtischen Siedlungen.

Prozession

feierlicher Umzug im Rahmen einer kirchlichen Kulthandlung in der katholischen und orthodoxen Kirche, auf Straßen und Plätzen, aber auch in Kirchenräumen.

Renaissance

seit dem vorigen Jahrhundert gebräuchlicher Stilbegriff für die Kultur und Kunst der frühbürgerlichen Epoche zwischen etwa 1500 und 1600 im Deutschen. Kultur und Kunstformen der damals gesellschaftlich weit entwickelten italienischen Stadtstaaten und der dort wiederentdeckten antiken Kunst strahlten über ganz Europa aus und wurden besonders in den wirtschaftlich weit entwickelten Niederlanden und in Frankreich zu reichen Kunstformen ausgeprägt. Die Bürgerhausarchitektur erlebte nach der spätgotischen eine erneute reiche Blüte, in den wirtschaftlich mächtigen Städten entstanden prächtige Rathausgebäude, wie sie in Leipzig, Görlitz oder Mühlhausen erhalten blieben.

Rokoko

Der verspielt erscheinende Spätstil des Barock wird als Rokoko bezeichnet und umfaßt im wesentlichen die Zeit von etwa 1725 bis 1780. Oft wurden die Barockformen verkleinert und mit Naturformen vermischt zu Dekorationen zusammengestellt. Das Kunsthandwerk erlebte einen großen Aufschwung – denken wir an die aufblühende Porzellanherstellung.

urbanisiert

verstädtert (aus dem lateinischen urbs – Stadt).

Vogtei

Der Vogt war seit dem frühen Mittelalter feudalherrlich beauftragter Verwalter eines Ortes oder Landteils, ja sogar eines Reiches. Ursprünglich war der Vogt der Beauftragte für die weltlichen Angelegenheiten der Kirchen und Klöster, dann auch kaiserlicher, königlicher oder fürstlicher Beamter. Ihm oblag die Rechtsprechung, und es gab Stadt-, Land- und Reichsvögte. Ihr Amts- und Wohnsitz war die Vogtei.

Zersiedelung

wir verstehen darunter die planlose und unregelmäßige Bebauung einer Landschaft mit Wohn-, aber auch Industriegebäuden, wobei keine Siedlungsformen entstehen, die sich mit dörflichen Anlagen vergleichen lassen.

Inhaltsverzeichnis

Bevor es bei uns Dörfer gab 6
Die Gestalt des alten Dorfes 13
Von Flurformen und was sie berichten 18
Grundrisse und Dorfanlagen 22
Leben im Dorf – das dörfliche Sozialgefüge 36
Erste gesellschaftliche Einrichtungen 38
Schloß und Herrenhaus 41
Bauernburg und Wehrdorf 50
Sanitäre Verhältnisse im alten Dorf 58
Wohn- und Wirtschaftsbauten 60
Die Industrie und das Dorf 90
Die „Verstädterung" des Dorfes 97
Vom Wandel des Dorfbildes 101
Lebendige Geschichte 108
Begriffserklärungen 120

ISBN 3-358-01269-7

1. Auflage 1989 dieser Ausgabe

Lizenz-Nr. 304-270/119/89
Reproduktion: INTERDRUCK Graphischer Großbetrieb Leipzig
Satz, Druck und buchbinderische Verarbeitung:
Karl-Marx-Werk Pößneck V 15/30
LSV 7831
Für Leser von 12 Jahren an
Bestell-Nr. 633 477 8
00720
1,50